【文史资料百部经典文库】

全国政协文史和学习委员会 编

百年中國記憶

【文史资料百部经典文库】

八十年来 黄炎培回忆录（片段）

全国政协文史和学习委员会 编

中国文史出版社

《百年中国记忆·文史资料百部经典文库》编辑委员会

约六十岁

1945年毛泽东与黄炎培在延安机场

1946年11月17日，民主党派代表在梅园新村与周恩来等同志合影。（左起：周恩来、邓颖超、罗隆基、李维汉、张申府、章伯钧、沈钧儒、董必武、黄炎培、张君劢、王炳南）

1946年10月18日，周恩来在南京交通银行与第三方面会商。（从左至右：黄炎培、周恩来、郭沫若、沈钧儒）

CONTENTS 目录

前 言

这八十年来值得写 我是1878年夏历九月六日出生的。那天是公历10月1日，是我跨上这八十年的第一天。——作为一个1949年10月1日宣告成立的中华人民共和国的公民，对于自己的生日和新中国成立日期的巧合，能不因我个人对新生祖国的特殊热爱而想到应该怎样忠诚图报呢！——到1958年10月1日，我生满足八十年了。我就在满足八十年以后，开始写这本《八十年来》。但是说明，开始写时，我已经八十岁了。到完稿期，或不及完稿，不知我生实际上能享受多少岁月？

依着社会规律性的发展，时代的车轮在不息地推进。依我了解，它推进的速度，并不像那舞伴跟着乐队绝对整齐地一拍一步，它的速度有时会特别大，越来越大，到某一时期会从斗争中飞跃地突进。一切说明：人民是历史的主人，也是创造者。最伟大的是人民群众的意志所构成的力量。它在一步步地发展，到某一时期，一大群人结合起来，根据全民的意志来发挥全民的力量，就会使社会成为飞跃地突进。看这八十年吧！比我所相当熟悉的在此以前三四十个八十年中间的任何一个八十年，不知被推进了多多少少！再看这八十年来的最近十年，1949年以迄于今，比过去七十年又不知被推进了多多少少！这十年来，在中国共产党领导下，帝国主义、封建主义、官僚资本主义三大敌人被人民战胜了，中华人民共和国成立了，宪法宣布了，在人民民主专政制度下，开始走上社会主义道路。站在这八十年的初期、中期的人哪会预料到这八十年的后期、最后期有那样的高速度迈进呢？

话又说回来了。这种种活生生的事实，我坚决认为必要而又必要地快快认真记录起来。可能我尽管快快地记录，事实上的飞跃式表现，使我们无法追上去哩！

中国到现时突变起来了。为什么过去老是渐变而不会突变？马克思在《中国事件》那篇文章里写得好："东方各国我们经常看到社会基础不发生变动，同时将政治上层建筑夺到自己手里的人物和种族则不断更换。"这一句话，简直向着中国二十五史的记录连同这八十年来的前七十年，整个地一拳打中了要害。

既然这样，单写这八十年的最后十几年，或者单写这八十年的最后一年，不够了吗？何必写八十年呢！那错了。高尔基说过："为了正确地评价现在，就必须了解过去。目前我们中间，还有不少这样的人，他们全然不知道过去苦役般的生活，因而也就不能正确地评价现在。"的确，我们还需要认识到：今天的成就，是经过昨天、前天的努力积累而来的。特别不应该忽视过去人类中间有绝大部分为了少数人的享受，而过他们苦役般的生活。更不应该忘掉过去人类中间有一部分人为创造多数人的幸福而甘心损害自己的健康，甚至牺牲自己的生命。

为了需要了解过去这些每一时期的前后因果关系，对于过去还是值得写，而且过去和现在值得连续地写。单就这八十年来说，由清朝末年政治的衰败腐化，激起资产阶级民主革命，接着袁世凯叛变，军阀混战，蒋介石独裁，日本帝国主义疯狂地侵略，蒋、美结合与中国共产党为敌，不，简直是与中国人民为敌，结果很短时间，在中国共产党领导下，全国人民拥护下，人民解放军势如破竹地解放中国大陆，中间有不少不少关键性所在，还不值得正确地记录起来吗！

我有责任写《八十年来》 我个人呢，八十年来的生活，每一时期，广泛地直接间接地都发现到或参加到不少突出的事物。到今天我有责任记录起来，予以批判。我常这样想：作为一个“历史见证人”，也应该把他亲眼看到、亲耳听到、亲身接触到的，向着人民群众，提出一份忠实的证明文件！何况到了今天，群众戴上了新的眼镜，不应该让他们从新的眼镜里看一下那些形形色色吗？我们手里还拿到了一支新的尺，不应该把过去一切的一切正确地重新量一下吗？当然，历史上每一时期的事实，如果有它独特的贡献，也不应该一笔抹杀的。有些，受着历史性的限制，当然还应该予以谅解的。

怎样写《八十年来》 这《八十年来》的写法，我不想写成个人自传。只是根据时代演变的情况，不得不配合我个人生活，划分了阶段来写。有关个人生活的事事物物，成为社会问题的，写上去，否则不写。所有事事物物，是采用笔记体裁，或分或合，或长或短，或详或略，自由自在地写的。所以采用笔记体裁，还为了我近阶段的工作情况，不可能划出相当长时间来一口气写。只有抽空写一段算一段。这样一段一段地写，确也符合事实要求的。

写的时候，为了表达真实情况，或者插些诗、文，或者附一张图表，但求有利于读者的了解，方法是不拘的。

写的时候，打破一切陈规，不为尊者讳，不为亲者讳。这些并不难，难在要做到自我批判，不为自己讳，让我这样试一下。

写的时候，常常用“今天”或者“现时”等字样，所指的是什么时期呢？就是下笔的时期，是我生满足八十年以后时期。

写的时候，主要在让读者从这上边看到前和后鲜明的对比。所以写前一时期的事物，常提前把后一时期的事物拿来做比较，并不只限于写本时期。

八十年并不算长，但我的脑力太有限，如有事实上的错误，或者对我的批判有不同意见，欢迎读者赐教。

四个时期 八十年来，按照国际、国内情况和个人生活情况，分为四个时期，表列大纲如下：

	国际和国内情况	我个人生活情况
第一时期（1878—1900年）	清廷腐败。中国衰弱。帝国主义者们勾结着向中国不断侵略。	旧文化学习。
第二时期（1901—1913年）	资产阶级民主革命酝酿。辛亥革命。清朝灭亡。	新文化学习。参加民主革命运动，一度政治流亡。搞教育和教育行政工作。
第三时期（1914—1930年）	第一次帝国主义大战开始和结束。十月社会主义革命。五四运动。苏维埃社会主义共和国联盟成立。袁世凯叛变。军阀混战。蒋介石独裁。	发起教育团体（中华职业教育社）。漫游国内外。搞新闻记者工作。参加新文化运动。再度政治流亡。

第四时期	日本帝国主义	参加抗日工作。
（1931—1949年以后）	对我侵略。	参加对日抗战
	我人民抗日作战。	后方工作。
	第二次世界大战	参加民主团结工作，
	大战的开始和结束。	发起民主政团。
	蒋、美勾结与	秘密走出蒋管区，
	我人民为敌。	进入解放区。
	中国共产党	参加中华人民
	解放大陆。	共和国人民政府
	中华人民	工作。
	共和国成立。	当选全国人民代表。

现在让我开始分期批判记录了。愿复说一遍：我所批判记录，限于八十年来亲眼所见、亲耳所闻和亲身所接触到的事事物物，而不准备也不可能采取这些时期的间接的全面资料。

我个人呢，几十年政治生活：死刑，逃亡，逮捕，再逃亡，再仆再起。个人不足道，人民可怜，事业可惜。我秉着是是非非的直笔，将使大家看看今天，想想昨天，知所努力。

自 序

1949年10月1日中华人民共和国成立，我参加人民政府工作，继而当选全国人民代表。我响应领导和党的号召，本我所见所闻和行动，秉我是是非非的直笔，陆续写成《八十年来》。看看今天，想想昨天，大家知所努力。我个人呢，在党和毛主席领导下，一分精神全为国，一寸光阴全为民，以“天天向上”自勉，这样学习到老，改造到老。

书分四个时期。其中第三、第四时期，承孙晓村同志建议，为了节约我的精力和时间，根据我口述内容，提示资料，请民建李文杰同志协助执笔；若干同志抄写校对，大家认真从事。七八十年间，个人国族的出生入死，翻腾演变，或为历史家所亟欲一寓目乎？1964年10月全书写成，对各方面不尽感谢！感谢！

黄炎培

第一时期（1878—1900年）

我的出生 我是1878年夏历九月六日即重阳节前三日出生的（那天是公历10月1日）。经过了几十年酸甜苦辣的人生滋味之后，曾写这样一首诗：

生 我

生来伴我菊花黄，拼共西风战一场。
温暖母怀忍回忆，呱呱三日便重阳。

经过了几十年不断地奋斗，终于获得了新生。又写一首诗：

改 造

千山万水我何曾，解放来归愧此身。

八十知非犹未晚，大群改造做新人。

我出生地的土地情况 我出生于上海市川沙县城里。川沙在我出生时不称“县”，称“厅”，属江苏省，民国改“县”，现改属上海市。川沙县城位于上海市黄浦江以东，一般称浦东。海岸线由黄浦江出海外向南折而西入杭州湾，西滨太湖，成为三角洲，从农业来说，是棉、粮高产地，特别是棉。川沙和其他几个县，都位于这三角洲上。川沙县城东距海岸三四十华里，但县城西十五里有一“大圣寺”，老辈传说从前那里还是海边。

我从小怀疑到海的面积是涨缩无定的。从我乡来说，海面可能在缩，“沧海变桑田”，“桑田变沧海”，也许是事实。愿把几十年来直接间接所获得的海陆变迁的情况介绍给读者：

1. 1951年我游大连市西南三十里小平岛，那处地形的尖端伸入海。当地老年人告诉我：“海边每年涸出地几尺，我年轻时这里都是海。”

2. 我读宋朝沈括《梦溪笔谈》卷二十四，写着：“……太行山崖之间，螺、蚌壳及石子如鸟卵者横亘石壁如带，此乃昔之海滨，今东距海已近千里。所谓大陆者，皆浊泥所湮耳。”

3. 1959年我访问蒙古人民共和国，生物学专家高等教育科学委员会主席策伯格米德Tsevegmid告诉我“6000万年前蒙古南部是海，一般称戈壁（沙漠），地下都是水，有的地面以下几丈就是”。

4. 南京大学地质学系师生发现地下海和古长江。从华东辽阔的平原地带发现“地下海”。过去是海盆地或湖盆地，现在已全部淤积成平原。但地下仍有如海水一样的地下水（见1959年2月26日《光明日报》）。

5. 1936年我去四川，游川北剑门关，从剑阁县以北，一路都是向上行，峰峦挺拔。再上到剑门关，直至关门高顶，两边峭壁，子母石叠成，全是水成岩。

6. 还有人认识到“几万万年以前，西藏的北缘和南缘一带都是狭长的海，发现了矿点一百多处，中有铁、铅、锌、锰、锑、钼等等”（见1959年5月27日《人民日报》“打开世界屋脊下的宝库”一文）。现今距海那么远的地方，从前也是海。

海陆的变迁，在这一片辽阔的大陆上，一年一年地发现了，证实了。

川沙呢，这几年从地下开采的大量天然气，把它利用于农业：拖拉机、流动灌溉站、水车及其他机械；利用于交通：公共汽车、探照灯种种；利用于工业：橡胶制造、烧砖瓦、磨粉、轧棉和其他电力使用；利用于人民一般生活：食堂、浴室、点灯等等。

地下怎么能采得这些天然气呢？我在杭州西湖亲见人们从湖边淤泥中吸取这种天然气，也称沼气。这证明《梦溪笔谈》所说“大陆是浊泥湮没所成”，而浊泥中会蒸发出沼气，是人所共见的了。

我的父母　我的父亲黄叔才，名烀林。我的母亲孟樾清。

我的父亲是知识分子。自己没有土地，并且没有房屋，终他的一生租住人家房屋的。个性是得钱即用，挥金如土。他和他的胞兄先后考取了秀才。兄死了，他教一弟又一弟，教一个学生又一个学生，都考取了秀才，他就放弃家塾教师生活，漫游河南、广东、湖南当督抚的秘书。

首先是就郑州河东河道总督吴大澂幕，和川沙一位算学家沈韵松名咸喜同时受聘的。沈的算学不用笔算而用筹算。用刻有数字的竹筹来布算。那时中国珠算以外还没有行笔算。我父告我们：沈用筹算来计算土方，还不及老河工一看就很快地说出这一堆材料筑这段堤不足多少或有余多少。沈须从容布算，但结果倒是两方符合的。这是19世纪90年代的事。

某种社会产生某种人物，封建朝代的政治是万分黑暗的，就适应这种社会的需要，而产生好打抱不平的人。我父亲就是这样一种人。举个例子来说：南汇县有一周姓秀才，他的父亲死了，不久，他的妻生了一个儿子，忽然县里派差票提周秀才去，为的他犯了“服中生子”的罪。周惶急。我父适假归，听了，大发怒，伴着周秀才去南汇见知县。书包里带着《大清律例》，责问知县：“为什么票提周秀才？”答：“为了他犯‘服中生子’的罪。”我父问：“你知道吗？他父哪天死，哪天他妻得胎，哪天生育？你都调查过没有？这都且不谈。我问你：你办他罪，根据《大清律例》哪一条？”手里举起《大清律例》。知县大惶恐，说：“《大清律例》我倒没有查过。”我父说：“《大清律例》明明没有这种规定。你这样，叫作‘故入人罪’，你犯了‘故入人罪’的罪了。”知县惶恐认过，收回提票，一场风波，就此平息。南汇知县这种行为，是具有一般地方官吏代表性的。我父好打抱不平，就是这一类。

我的母亲是地主的女儿。母亲的父亲孟荫余祖父，一般称外祖父。我反对称母亲的父母为外祖父母，称女儿的儿女为外孙儿女，这“外”字明明是封建时代男女不平等的看法。他有佃出地一百五十二亩，还有自耕地一百来亩。但封建社会制度，财产传子不传女，我母亲倒因此干干净净地克勤克俭地过了一生。她的人生太短了，死时只三十二岁。

我的父母都死得很早。我家老辈的年龄都很短。而现在呢？最近十年，我的一辈和下一辈、再下一辈都没有因病致命。想一下，依我亲身经历，我父我母的病，如在今天，都不会致命。而今天不致命的病，如在早年，无疑是致命的了。前后死亡率差度那么大，必须认识这不是我家独特的现象。我幼年常听到一句话：“人生五十不为夭。”

平地深葬　川沙北境有一黄家墓园，地名高行，从我曾祖起都葬在那里。满地高大的土馒头，占可耕地着实不少。我的父母葬在川沙近郊。新中国成立以后，我写了一篇《平地深葬》文，各报转载，远近宣传。使思想没有进步到“火葬”的人家，或没有“火葬”设备的地方，不致因土葬侵占可耕地。我首先就我父母墓祖墓，雇农民把土馒头耙平，把棺木深埋一公尺半（根据农民经验），使地面可以照常耕种。该墓地即归农民或人民公社公有。

梁靠墙、田靠天、病靠命　还常听到三句话，是从外方传到我乡来的："梁靠墙、田靠天、病靠命。"病所靠的只有命。那么，除非不病，病了，还有什么希望呢！——我要提醒读者们，不要这样推想：中国文化太落后，外国多么先进呀！我录一段谈话。

1928年我访九十多岁的马良老先生（号相伯，后来活到一百零一岁），他是很早留学法国的。他说："你们不要过誉西方文明，要知一切都是近百年来事。我年轻时到外国去，亲见他们还没有好的医药，生了病，用蚂蟥斜贴在太阳穴里，说百病都会消灭的。"他老先生所说年轻时，也不过是19世纪三四十年代，距离我幼年，也不过五十年左右罢了。1936年10月27日他老还亲告我：他老十余岁时西洋始有天文台。

母训 我想写我母亲了。可是我写不下去。母亲呀！根据我童真时的想象：世界上有美人，最美是我母亲；世界上有好人，最好是我母亲。我母亲待人多么好呀！只记得我仿佛十岁多些时，一天午饭，有一碟菜，我想吃。母亲说："留一下，某人要来吃饭。儿呀！待人好些，自己省俭些。"我至今没有敢忘。到1929年我五十二岁时曾写《母训一则——待人好些、自己省俭些》这篇文给我的儿辈。

记得还有一次，受到病里的母亲大大的训斥。她说："奎（我的小名），你看！谁在那里闲荡过日子？公公怎样？婆婆怎样？爹在外边怎样？农民一个个忙得怎样？只有你既不读书，又不做事，怎么对人得起？"这一场病中大训斥，使我直到老年，永远忘不掉。"儿懒惰，母生气，儿劳动，母欢喜。"写在我念母亲的诗里。现节录一首在下边：

梦里的母亲

童年失母，无夜不梦，渐长、渐老、渐稀。昨夜七十四龄的儿子，忽然投到他诀别了六十一年的母亲怀里来了。

（1951年12月21日　北京）

鲜红的太阳，照耀着高楼的纱窗。
娘呀！您怎么一点没有老？
您还是这样梳妆，这套衣裳，
娘呀！怎么好久不见您了呢？
我爱您，我想您，想得好苦也！
今天面对面地坐在您膝上。
我，永远是您的儿，您，永远是我的娘，
太阳永远是人间的太阳。

★　★　★

娘呀！我坐您膝上，
您教我识字，教我写字。
我现在会写了。
娘呀！写给您看：
中国翻身了。
中国的老百姓，吃尽了千辛万苦，
终于获得解放。
靠什么呢？
一巨人掌握着的是真理。

千万人献出来的是鲜血。
千万人中间的一个，是您的孙儿[①]，
这一滴血，是您传给他的血。
娘呀！也就是您捐献给国家的血。
…………

我母太可怜了。她短短的人生，我回味到当时的一般社会太冷酷了，也有小部分温暖，只是限于所私。除掉这小部分，简直是极度冷酷。——读者们记着，让我以后陆续举出惊人的事实来证明。

我幼时母亲教我识字、写字，是事实。我想我母如果多活几年，儿子大一些了，看到帝国主义者这样凶狠地勾结侵略我们中国，一定鼓励儿子献身报国。我母亲还比我父亲先死四年，我父亲是在甲午战祸爆发以前死去的。

儿时看到的外国侵略中国 那么我幼年一点没有认识到国难吗？倒也不是。一次是孟荫余祖父抱我看壁上张贴着“谅山战役”泥板画，中国兵向法国兵开火，满纸是烟焰。又一次是我父亲从广东寄给一种玩具，上百个小泥人，用猪鬃伪装了脚矗立着，分两队对站在纸盘里，一边是中国兵，一边是法国兵，用手向桌上轻轻地拍，双方走动，如作战状。

---

① 编者注：黄炎培次子黄竞武，上海解放前夕，被国民党政府逮捕，1949年5月17日遇害。解放后，上海市人民政府追认为革命烈士。

儿童读物 必须知道，那时没有“小人书”。尽管母亲教我识字、写字，教我学习写信给在外工作的父亲，可是好的少年读物没有。有的是《玉历钞传》一类，画着玉皇大帝、阎罗王，人做了恶事，死后见阎王，受到刀山、火坑的酷刑。我母亲从没有把这类书教我。

我写《八十年来》到这里，恰好我家两个孩子正在合看一册少年读本《趣味物理学》。同是儿童教育，八十年前后差度那么大！

对被针蝴蝶同情 有一事我自己也不了解，有人说给我听。我还在提抱中，一天，姑姊辈捉得一只很美丽的五色蝴蝶，用绣花针把它钉在庭柱上，蝴蝶两翅扑个不停，她们抱我近前看，想引我欢喜，不料我大哭，哭之不休。把蝴蝶放走了，再抱近前看，不哭了。这童真的物类爱，根据巴甫洛夫学说，应该研究从哪里来的非条件反射结合起来，成为这条件刺激物的呢？

方卿故事 有一天，母亲讲盲词《珍珠塔》给我听，说：“你看方卿多么苦！儿呀！你将来必须争气。”到1957年我在无锡看锡剧《珍珠塔》演出，想起童年母训，我哭了。做一首诗（游无锡四绝句之一）：

余兴逢场听管弦，珍珠塔影隐华筵。
人情冷暖儿时识，母训回头七十年。

娘呀！您哪里知道七十年后您所疼爱的儿子还在人间，重新看到娘当年讲给我听的方卿故事呀！

现在让我写一些当时社会极度冷酷黑暗腐化的现象。

流浪儿祝三团　1849年川沙城里出了一名解元（清朝每三年省试第一名称解元）祝椿年。一片广场建起一所大住宅，题名“兰芬堂”，哪知道不到四十年，这“兰芬”两字，给相反地象征着，满堂鸦片臭。在鸦片臭熏天之下，一个常年没人教养的十多岁的流浪儿“祝三团”，是解元的孙儿哩！没人教，已经认了；没人养，肚子饿怎么办呢？只有随地乘机偷东西来自我解决他肚子问题。有一天，给人家绑在柱上，当着群众，用鞭子狠狠地抽。祝三团大哭大喊：“不敢了！不敢了！”这一幕恰使群众中间一个年龄差不多大的孩子，就是我，惹起极度的刺激。我的反应是：他肚子饿要吃饭，不给他吃，光是狠狠地打，大人们的道理，我们小孩子不懂。这一刺激，我脑海里至今存在着，中间包含两点：一是对这样冷酷社会的愤怒；二是感觉到生在这样社会中太危险了。祝三团还不过是一个例子。至今想来，那时社会里祝三团多得很哩！

审官司两种打屁股　川沙城很小，我家距离厅官衙门很近，一听到街道转角一个人引吭高喊“伺候”！便见一大群衙役，全是鸦片鬼，蜂拥上衙门，知道就是厅官要升大堂审官司了。每一堂官司，几乎总是打屁股最引起观众的注意。打屁股分两种：一种是假打；一种是真打。假打是行过贿的。约略五六市尺长的竹爿，打得特别响，实际是打在地上，丝毫没有“切肤之痛”。但被打者的嘴里必须喊得响亮，否则受贿者的面子上不好看。喊的什么？“大老爷饶命！大老爷饶命！”打一声，喊一声，是有节奏的。这样，一堂官司审得最圆满。有面子、有夹里，官民两利。另外，天真的老百姓，不懂行贿，打得鲜血淋漓，倒不是大老爷的期望呀！

新刑具点锤 川沙来一个厅官，恨受审的老百姓们太天真，老是不肯，也许不懂行贿，发明一种打人的工具，叫“点锤”。叫受审者跪在十字架前，两手左右拓开，绑在架上，两脚赤着。用两根棍子，一根放在脚下，另一根压在脚上，衙役两人分站棍子的两头，用力踏棍子，右边踏一下，左边放一下，轮流地一踏一放，使被踏者痛得要命。叫作踏杠子。这是老法，够惨了。富有“创造性”的大老爷创一种新法，叫衙役左手拿了一片特制的长方形的薄铁板，右手拿着一个铁锤，把铁板压在受审者的脚踝骨上，用铁锤敲铁板，要看准铁锤敲在隔着铁板的踝骨上。这工具“妙”处在哪里呢？如果不行贿，铁锤和铁板是“硬碰硬”，铁板和踝骨是“硬碰软”。锤着板，板着肉，请问被敲者哪里吃得消？不须多打，什么事情，都依靠着这一工具：“屈打成招”了。无案不结，厅官大大地获得上司奖赏。而还有“妙”处，在敲的时候，丁丁有声，厅官认为大大“悦耳”。而如果行了贿呢，衙役“心知其意”，锤着板，板不着肉，听审者同样听到丁丁有声，哪里知道被打的虽然同样喊着“大老爷饶命！大老爷饶命！”何尝受到一些“切肤之痛”呢！这一个虐待人民的川沙厅厅官，必须把他姓名记录起来。他的姓名叫：倪人涵，安徽望江人。但倪人涵也不过是一个典型。封建王朝全国不知有多少个倪人涵哩！

正对着地方官大堂的前面一座堂皇冠冕的大牌坊，这是清朝地方官衙门一般的设置。牌坊面北，写着十六个大字："尔俸尔禄，民脂民膏。下民易虐，上天难欺。"让审案的大老爷抬头一望就是这十六个大字，贪赃枉法的大老爷们还怕天么！大概他们内心这样答复着："教训由他教训，好官我自为之。"牌坊南面还有三个大字："公生明"。我看"公"、"明"两字实在说不上。咳！黑暗到那么地步！当时流行的民歌："个个衙门暗里开，此地无钱莫进来。"

读者同志们：我个人童年时候看饱了这一切的一切，时间到来，还能不大声高喊"快快革命，快快革命"！

且慢，让我再写一件更惨酷的事实。

四个壮丁被冤杀　一天，川沙厅衙门从囚笼里绑出四个壮丁去杀头。为的是什么？上海市上建筑需要的木材，都从福建采购，经过江苏海外，运到上海供应。木船遭风失事，木材漂流到海滩上，沿海居民就捞取了。这一类事常常发生。上海资本家们组织的木业公所，要求江苏沿海地方官包括川沙，严禁居民捞木材，送一笔钱给地方官。他们无法归罪于吹翻木船的海风，只是归罪于捞木材的人民。

为了见好于送钱的资本家，诬"捞"为"抢"，"惩一儆百"，不该杀也就杀了。我所亲眼看到的四个壮丁，还传闻凑了两百大银圆，送给川沙某绅士，要求说情伸冤，那个贪污狠毒的绅士，钱慨然受了，事没有照办，四个壮丁终于冤杀。

我气愤极了，我只可惜我的爱好打抱不平的父亲不在家。

可是那时的我，还只看到万恶官绅的惨无人道，而没有认识到背后在操纵着的间接杀人的资本家，为的是我这小孩子，还没有阶级认识。这资本家送钱给地方官这一点，到我壮年以后才知道的。

当时官吏这样凶恶，总的原因是要钱，为什么拼命要钱呢？道理很简单，他们的官，就是靠钱买得来的呀！他们“将本求利”。

清朝卖官 清朝到晚年，异想天开地辟出一条生财大道，筹饷呀，筹赈呀，假借着什么什么名目，设局开捐卖官。想做什么什么官，须捐多少多少钱。钱越多，官越大。加上许多“花样”。——“花样”是关于捐官的官文书里专门名词。——一般是“候补”，钱加多些，“尽先补”。更多些，“遇缺即补”。而这些人的品德才能一概不问。衙门处处要钱，级级要钱，最高的吏部要钱特别多。

皇宫纳贿 岂但衙门，皇帝宫廷里特别是皇太后也在间接地甚至直接地弄钱。《孽海花》是一部写实的小说。我老友曾朴写的。第二十一回“送苞苴衣匠弄神通”中间写着市上有两句童谣：“若要顶儿红，麻加刺庙拜公公。”“若要通王府，后门洞里估衣铺。”小说中间写着这样一件事实，“上海道”这个官儿，总不能说不重要吧，会给胸无点墨的鲁伯阳（这小说把他化名鱼阳伯）买到手。太臭了，清廷政治的腐败，不需再描写了。

19世纪末清朝外债 物腐虫生，虫那么多，物那么腐，1894

年甲午之战爆发了；1895年与日本订和约割地赔款；1897年德占胶州湾；1898年英占威海卫；1899年法占广州湾；到1900年，八国联军占领北京城了。

资本主义发展到最后阶段帝国主义时，需要国外新的殖民地、新的市场、新的原料产地；同时财政资本还需要输出的新场所，在19世纪末，中国早被帝国主义者们视为最好的财政资本输出场所了。请看下表：

19世纪末期清朝外债一览表

借　期	债款名	债权国	债　额	利　率	担保品
1894年	汇丰新借款	英	1000000镑	5%	山西烟酒税厘金
1895年	汇丰银借款	英	1635000镑	7%	关税
1895年	汇丰金借款	英	3000000镑	6%	关税
1895年	克萨借款	英	1000000镑	6%	关税
1895年	瑞记借款	德	1000000镑	6%	关税
1895年	俄法借款	俄法	15820000镑	4%	关税
1896年	英德借款	英德	16000000镑	5%	关税
1898年	英德续借款	英德	16000000镑	4%	关税
1898年	京奉路借款	中英公司	2300000镑	5%	本路财产收入

仅此五年间九笔借款，总额已达五千七百七十五万五千镑之巨。帝国主义者对中国财政资本输出进度之速可惊了。因海关税

收、铁路财产都担保外债，因而海关、铁路管理权全落入外国人手。这一切我这个小孩子在当时哪里懂得，不久给我一点又一点都知道了。

东野书堂诗 我在19世纪接受的是旧教育，学习的是旧文化。当六岁时我母亲教我识字写信，上文说过了。后来两个叔叔教我读四书——《大学》、《中庸》、《论语》、《孟子》。九岁起就经常住孟荫余祖父家，在那边家塾里读书了。我不是说过孟荫余祖父是个地主吗，他的住宅在川沙东乡，是经营得很美好的一个园林。我现在不多描写，只录五十年后我在杭州西湖上写的一首诗：

西湖汪惕予宅，宛然是我幼时读书的东野草堂，感而赋此。

（1933年5月3日）

儿时景物老难忘，一曲明漪百亩桑。
少长田园知疾苦，家传诗酒戒疏狂。
荫人大木环村绿，坐我名花静昼香。
此地汪纶临水筑，当年东野读书堂。

我就在那样的草堂里读了十年书。——孟家原属南汇县，到现在我下笔的时候，属上海市川沙县东乡。原设合作社，写到这里时，知道并入江镇人民公社。东野草堂设四村小学。

官逼民死　孟荫余祖父有相当高的文化水平，一生种花、种桑、养蚕，不应考试，原来中间有缘故的。我母亲的祖父是给清朝官吏勒捐巨款，无力交纳，被迫投水死的。遗嘱孟姓子孙勿做清朝官，勿应清朝考试。我应清朝考试，在后来懂得这一点道理的时候，有些抱歉的。这一类官逼民死的事，在当时是不太奇怪的事。帮助清朝消灭太平军居首功的曾国藩，他在1851年（清咸丰元年）给清帝奕訢的《备陈民间疾苦奏章》里说："钱粮太重，民不聊生。官吏害民，甚于盗贼。"但说者尽管说，做者尽管做。

太平军民歌　太平军是1850年起义，到1851年建立太平天国。那年也是辛亥年，恰是清朝灭亡之前六十年。到1864年它被清朝灭亡，还在我出生以前十四年，但我还曾经使用过"太平天国"制钱。我幼时常听到人家谈太平军，我很爱听一首民歌：

长毛进南京，当官的要命。
富人心事重，穷人一身轻。

太平军杰出的人物之一石达开，有诗："东南到处有啼痕。"有文："忍令上国衣冠，沦于夷狄；相率中原豪杰，还我河山。"1938年，日寇进陷南京、上海，我自梧州西上过贵县，题贵县东湖石达开纪念亭诗两首：

东湖罨画翼王亭，五岭南来此地经。
上国衣冠沦落恨，千秋心迹照丹青。
石家村里说奇男，苦念民生付一担。
东北烟尘莽无际，啼痕今又遍东南。

在小孩子们嘴里，不称太平军，只是形象化地称“长毛”，为的是太平军反清留发不剃的缘故。从这流行的诗文里看出，人民认识太平军是含有革命性的。虽然受着历史性的限制，不会有阶级认识，从这行动和口号看来，已经超出反封建这一阶段了。实际上太平军只能说是反清，并说不上反封建，他们不少首领都还封王哩。我们应该认识革命的农民和农民革命领导者双方思想会有距离的。

毛泽东主席《中国革命和中国共产党》一文这样判断着：“由于当时还没有新的生产力和新的生产关系，没有新的阶级力量，没有先进的政党，因而农民革命总是陷于失败。”

三指游戏 那时小孩子们最爱玩一种集体游戏，倒是对当时国内和国际情况有充分代表性的。怎样游戏？三个指头：大指代表“官”，小指代表“百姓”，中指代表“外国人”。百姓怕官，官怕外国人，外国人怕百姓。甲乙丙三孩，各就三指中同时伸出一指，假如甲伸大指，乙伸小指，丙伸中指。这就是：甲“官”对乙“百姓”是赢；而对丙“外国人”是输；乙“百姓”对丙“外国人”是赢，而对甲“官”是输；丙“外国人”对甲“官”是赢，而对乙“百姓”是输。赢的对输的拍一记手掌。

三元里和升平社学 百姓怕官，骨子里一肚子怨恨，太平军起义，就是代表人民。官怕外国人，外国人怕百姓，根据什么呢？最早表现在广东。“三元里”一仗，——三元里在广州市北郊白云山下，现重修着“三元古庙”，保留着“平英团”的斗争遗物史料。——官已经向英国人屈服了，民众自动地组织“平英团”，结合广州近郊几万民众，围困英军几千人，几乎全部歼灭。这是1841年的事。

到1842年南京订约了。英国人要求进广州城，城乡民众轰轰烈烈地合组“升平社学”，宣言反对，终于拒绝英国人入城。这是官怕外国人，外国人怕百姓的事实。这一类还多哩。

文丐 我在少年时候，看到一般老百姓情况，小孩子像祝三团，上文交代过了。满街鸦片鬼靠衙门吃饭。乞丐是每一时间每一空间很少机会找不到的。特别使我忘不了的，是一种文丐。一条街道，一个文人，衣尽管破，必须长衫，手里拿一把折扇，一面漫步，一面摇摇摆摆地朗读诗文，边读边走，长长的街，一来一往，再来再往，到三来三往，伸着手依次向街旁商店或人家很文雅地接受薄薄的馈赠。积少成多，大约这一天生活来源有着落了。更使我忘不了的，在孟家书塾里，某天，来个上边所说那样的文人，一进门很客气地问老师姓名，老师答“乔文如”。索纸笔，立刻写一首诗。我还记得头两句：“落拓江湖恨见迟。温文儒雅是我师。”把老师别号“文如”两字写进去了（虽然“如”换了“儒”）。乔老师大大称赞。荫余祖父出见，请他一顿酒饭，送了轻微的一笔钱而去。读者同志们！这些还不是现时所称知识分子吗？人民政府把团结知识分子当作重要政策之一，现今的青年哪里会想到几十年前知识分子可怜到这地步。

麻痹剥削仇恨　孟家被称为“做好事的人家”，每天乞丐是不断上门的。门首经常预备好一串钱，来一个给一个，以一人一文钱为原则。最可怜的是女丐抱了小孩，有的抱一个，手里还搀了一个，嘴里叫：“做好事的娘娘太太！肚子饿得不得了呀！”就给她站在门外吃一碗饭。只能站在门外，只有一碗饭，但像孟家给她吃饭的已经很少很少了。

孟家对待一般农民，特别是种孟家田的，是比较好的。厨房旁有一板桌，可容六人坐，农民来，在吃饭时候，就请他们在那桌上吃饭。有病，赠药。一般佃农称：“种到孟家田，胜如自家田。”秋收时，分粮多少可以商量决定的。这叫作“分种”。

上边所述孟家种种好意待人，只是我幼年时的看法。到现在我知道，这些无非麻痹些农民被地主剥削的阶级仇恨，何尝减轻些地主对农民剥削的阶级罪恶。

顾连生　孟家近邻有一小孩子和我年龄相同，叫顾连生，小名阿连生。我日常读书，他得空来旁听，课余一块儿玩。他很聪明，很喜欢读书，无奈他是一个贫农的儿子，经常要看牛，斫草，要帮助父母田间干活。我一天天长大了，他也一天天长大了。我经过了几十年成为今天的我。阿连生呢，成了文盲，文盲够苦了，眼病又没有好好的医治，成为盲子。父母死了，成为盲丐。我一贯向外活动，没有机会见他，只随时稍稍周济他。直到新中国成立，农村有了组织，受到了生活救济。几年前死去了。

必须认识：只要是人，即便是农民的儿女，都有权利接受相当的文化培育。问题在于人们把他权利剥削掉。我所提出的事实，太显明了，一个是地主的孙儿，靠了剥削，取得了文化的培育，一步步发展；一个是贫农的儿子，他的文化培育权利被剥夺掉，终成盲丐。前者是我，后者是阿连生。我到今天尽管愧！歉！悔！恨！也只有愧、歉、悔、恨罢了。必须认清，在那种社会里，不知道有多多少少阿连生呀！

我的记忆力　我在那时，哪里懂得这些。在不太长的时间里，读完了五经：《易》、《书》、《诗》、《春秋左传》、《礼记》。自我发现一种特殊情况，每天老师授一课，明晨能背诵了，授第二课。我呢，每课约略能读一百行，当天不须读满十遍，明天清晨，老师前背诵，保证一字不差。但当天不能背诵，即使多读几遍，尽多也不能。明晨背诵过后，从此再不能全文背诵了。最近我把这种情况向卫生部傅连璋副部长请教，承他详尽分析地指教我，主要是说："生理学上把一个兴奋掩盖了另一个兴奋，称为'外抑制'或'负诱导'。清晨脑子里没有这许多打扰，所以容易想清楚。"的确，凡是想不出的名词或答案，在清早容易想出。这当然就是《孟子》所说"平旦清明之气"了。只是两千五百年以前的人，不会用科学方法来分析罢了。

读完了五经，——四书五经是正式上课的，读完以后，广览群书。因我读书多，在第二次被控革命党时，清朝官吏认为读这些书，决不是革命党，获释。详下文。——学会做八股文，就去上海应县考，去松江应府考。从此又使我受到了不少刺激。

厘卡行贿　从川沙到上海，一般搭坐运货的摇橹船。黄昏开，清晨到。天将明，船过白莲泾严家桥，忽然岸上大声叫喊，一群人如狼似虎地跳上船，手里拿了长长的尖头的铁条，乱敲乱戳。船停下，船主悄悄地上岸。这一群人边敲边喊，闹之不休。一会儿船主回来了，扬一下手，这一群人偃旗息鼓而去。是怎么一回事呢？原来严家桥设有厘卡，浦东货船来往上海，大部分必须经过，政府在这里设卡抽捐。如果问：是抽取厘捐么？那问得太天真了。如狼似虎是表面工作，船主悄悄地上岸，是实际行动。等实际上满足卡官欲望了，一群人也就走了。又是一种官商两利的事情。官得贿了，贿额稍减于捐额，商也得利了。所吃亏的只是国家和人民。只有严家桥这样么？哼！“天下乌鸦一般黑”。

结婚年龄　这种夜航船，颇不寂寞哩！船工两人，一面摇橹，一面唱歌，一唱一和。到现在我还记得一首歌词：“栀子花开香又清，一根绳吊杀在后庭心。阿妈问我为啥寻短见？阿妈呀！十八岁无郎做啥人。”嗒！嗒！嗒！嗒铁嗒！嗒！两人用脚踏船板当拍子。这首民歌藏在我脑海里几十年，但我不很以为然。在男女没有上学，或上学而不重教育，结婚的年龄早晚不管了。现在大兴学校，十八、二十不过初高中年龄，必读完大学或专科，才是成才。1950年中央人民政府委员会，我参加讨论婚姻法，对结婚年龄有所争辩。有主张女十八岁、男二十岁者，有主张女二十岁、男二十二岁者。我发言：国家正在重视人才重视教育，一般人不重视，我们必须符合标准。着重教育与成才，才宜结婚。众以为然。

公园牌示“犬与华人不得入内” 到上海了。一进租界，眼花缭乱。只见街上到处红头巡捕，面目凶狠，特别是对人力车夫乱打乱踢。白渡桥公园门外牌子上写着八个大字：“犬与华人不得入内。”这是我在那时亲眼看到的。

一个反帝国主义的先进者 中间突然把我警醒一下，大东门大街接近租界有一家老牌布店，账台上坐着一位白头伙计，他的家住租界旁边，终身没有肯踏进洋场，他气愤地说：“怎么让外国人管理我中国土地，简直是中国人的奇耻大辱。”我永远忘不掉那位老先生。经过一次又一次全民反对帝国主义斗争，到今天回想，越加尊敬他是反对帝国主义的先进者。

欠租站笼刑 到了松江，有一天走过县衙门，门前放着四个木制站笼，笼底放着一叠砖头。问旁人做什么用？答：如果农民不向地主缴租，地主认为有必要，只须送衙门小费制钱二百文，县官立即拘捕这个农民，问地租缴不缴，不缴，把他装在笼内，脚站在砖上，头伸出笼顶，顶有圆孔，两个半圆形合起来，孔的大小恰和颈相等。如再不缴租，把脚下砖头，一块又一块抽掉，那就活活地吊死了。我听了大吃惊。原来松江的地主、松江的县官，这样凶狠，那还了得！

我受了这些刺激，叹一口气，我小孩子有什么办法！不，要找办法。那时我才十五六岁。疼爱我的母亲早死了，不到两三年父亲又死了，荫余祖父又死了。看到这样的政治、这样的国家、这样的社会，一肚子不平，曾经在十八岁时给我胜利地发泄了一下。

童真的无鬼论 上文不是说过“病靠命”吗？病家倒也不光是

听天由命的。求仙拜佛，迎神问鬼，认为只有这些才是起死回生的唯一道路。于是各方响应，仙佛神鬼，应运而生。

川沙城里我家同居的婶母，雇着一个女工友，病了。病中说出许多许多鬼话，鬼附她身了。要求摆起香案，大家叩头，求福得福，邻居病家来叩头求药，取一把香灰，调入白开水吞下，病就会好，于是门庭若市。这女工友坐香案旁，有时大叫大喊，有时喃喃絮话，旁人都莫名其妙，十八岁青年的我从农村到城里来了。一到场，根据童真的无鬼论，走上香案前，哗喇喇一声，把香案翻一个身，四脚朝天。并大喊："如果有鬼，来找我。"全家目瞪口呆，都说："不得了！不得了！"有些人窃窃地私下说："这个没有爷娘管的，那么厉害！看他生病，看他早死。"

初读《天演论》 童年的我，从此给一般人怕、恨、诅咒。只有一个人从小看重我，喜爱我，培育我，就是我的姑夫也就是我父亲的学生沈肖韵名毓庆。甲午战役，吴大澂带兵出关抗日，沈肖韵从军行，亲受军事训练。不久中日讲和。他家藏书最多，我一进城，经常在他书斋里泛览群书。他还随时购新书给我读，第一部清楚地记得是赫胥黎的《天演论》。

我和沈树镛家的关系 说到沈家，不但富于藏书，他家所藏金石碑版还特别富。清同治、光绪年间，著名的文学家俞樾著作很多，他的作品中说："川沙沈家收藏金石之富甲于江南。"源头在沈肖韵的父亲沈树镛，号韵初，举人，考取内阁中书，住北京很久，是一位有名的金石文考订专家，写作也好。他和赵之谦号撝叔（书画、篆刻都精）、叶昌炽号鞠裳（书籍、金石、碑版考订专家）等为友。我呢，和他家关系太密了。沈树镛和我父亲的母亲是胞姊弟，又和我母亲的母亲是胞兄妹。沈肖韵是我的姑丈，又是我父亲一手教导出来的学生（廪贡生）。我吸收的一些旧文化，和他家是分不开的了。

川沙毛巾生产的创始　甲午之役，沈肖韵从军出关抗日，深感民生痛苦，议和后归上海，亲见虹口日本人办毛巾工厂。时国内无毛巾，肖韵为挽救民生热情所驱使，购机二架、毛巾几打，聘一工人归来，全家和亲邻妇女习织。能习者越多，制机越多。由近而远，招许多女工学习。学成，正式纺织，附设漂染工场。业务大发达以后，所有织机都赠给招来的女工，不取机价，让她们每一村庄自己联合经营，漂染工场作为公有。这样一来，川沙毛巾工业，大大发展，贫农都变富有了。到现在市场上还有高级的“川沙毛巾”——北京也有。1959年组织参观团去川沙调查，调查到全年产毛巾500万打，35%外销。1963年1月4日，县长报告，毛巾外销亚、欧、非洲四十七个国家。

资本主义社会的商店　我曾得到过一个机会，深入19世纪末期落后社会的一个角落——商业社会，在那儿接触到一些情况。我有叔在川沙市独资设一所百货零售商店，为了照顾父母俱亡的我，平时尽管读书孟家家塾，暑假年假招我入城去临时帮忙，给我一些临时工资。我就学会了零售柜上一些必要的技术。这且不说，我说两点：每年从元旦起店员休息，初四夜接财神，店主领头行礼，接下指名某某店员行礼，如某店员没有被请，就是今年解雇的表示，不须再发解雇通知。所以临到接财神，店员们个个担心。那么店主很快乐么？不！不！我再来说一点店主的苦恼。我的叔招我同室卧，夜里只听叔长吁短叹。我问：为什么？叔答：你不知，每一季把售来的钱向上海进货，总是不够，为的是东西两头还有较大的同业。例如我定某货价十元，他们定九元五角，顾客都到那边去了。我店的资金不够，债越积越多，如果闭歇，全家靠什么吃饭！接下又是一声长叹。不久，叔就这样忧惶死。

这样，我过了三年，深入了解了资本主义社会内幕：无组织、无领导，到处是大鱼吃小鱼，大鱼也在我吃你，你吃我。一群店员的生活保障，当然更说不到了。

我的求婚 问题来了，我老辈只剩一位我父亲的母亲，她千方百计希望我成家，为我求婚。那时绝对没有男女自由恋爱这一套做法，只有访知某家有年相若的女儿，央人传“八字”说亲，——八字就是男或女的出生年、月、日、时，如甲子（年）乙丑（月）……之类共八个字。——根据男女两方的八字，请算命的合算两人命运配得配不得。我呢，求婚的反响：第一家答“占卜不吉”；第二家干脆地答“不允”；第三家确比我富，答“我家的女儿不愿配穷小子”；第四家和我同样穷，答“我家已够穷了，女儿还配穷小子么”；第五家干脆地答“不允”。那糟了。我尽管谅解他们，我是穷小子。只是我成家的希望看来很少了。

塾师生活 到二十岁时，有人介绍我去当家塾教师，“束脩”（也称脩金，是教书的酬金）制钱三十二千文，这是全年的数字。那家离川沙城三四十里。我呢，一面教书，一面自己努力读书。说我穷么？是穷的。全年制钱三十二千文收入外，虽然还有一笔收入：是川沙、南汇、上海三县都有书院，每月出文、诗等题目，让人依题写作，揭晓前列的有奖金。我这笔收入倒超过脩金收入，但到底还是穷。机会来了，姑夫沈肖韵有一朋友王筱云名裔，看到我的写作，说："这一青年前途有希望。"沈肖韵说："这一青年正在求婚，你有女儿肯配他么？"一诺之下，遂成好事。订婚了，还没有结婚，我考取秀才了，而且府考第一名。他老先生大大高兴。一考取了秀才，塾师脩金制钱三十二千文，东家自动地立即升为大银圆三十二元，加了30%。再隔三年考取了举人。筱云老先生先十天病死了。这就是和我共同生活四十二年的原配王纠思最初结合的经过，离现在不到六十年。那时的社会，那时的风俗人情是这样的呀！

考入南洋公学特班　我正在无聊地过塾师生活，沈肖韵姑夫和我时时通信，义和团被洋兵打败呀！英、俄、德、法、日、美、意、奥八国联军占领北京呀！清帝、皇太后出奔呀！我当塾师的所在地是没得报纸看的。一天，忽然川沙专人送来一封信，又是沈肖韵姑夫的信。信大意：上海南洋公学登报招考了。你快回来，去上海应考。如果考取，你的全家生活费，我已约定三个亲戚资助你（他自己和我的舅父孟侣鸥、表伯奚子欣）。不要当塾师了，去当学生吧！

南洋公学考取了。从此我抛弃旧文化学习，接受新文化学习。这是1900年的事。入学恰是20世纪开始。

思想中毒　如果问我：你学习了将近二十年那么长时期的旧文化，有所得没有？我愿把时时记在心头的几句书写在下边：

“泛爱众，而亲仁。”（《论语》）

“亲亲而仁民，仁民而爱物。”（《孟子》）

“民吾同胞，物吾与也。”（《宋儒学案》张载：《西铭》）

“鸡鸣而起，孜孜为善者，舜之徒也。鸡鸣而起，孜孜为利者，跖之徒也。”（《孟子》）

“志士仁人，无求生以害仁，有杀身以成仁。”（《论语》）

“……故人不独亲其亲，不独子其子，使老有所终，壮有所用，幼有所长，鳏寡孤独废疾者皆有所养，男有分，女有归。货恶其弃于地也，不必藏诸己，力恶其不出于身也，不必为己，是故谋闭而不兴，盗窃乱贼而不作，是谓大同。”（《礼记·礼运》）

这些只是青年时期从学习旧文化打下来的思想基础。当然，人们的意识，还是随时决定于社会的存在，我哪能例外呢！

但是，我自己还清楚地认识，当时深深地中着一种毒素：“君子劳心，小人劳力。劳心者治人，劳力者治于人。治人者食于人，治于人者食人。天下之通义也。”（《孟子》）

第二时期（1901—1913年）

南洋公学就学 中国到19世纪末期，河山破碎了，人民受尽刀兵饥饿的威胁。一个受旧文化教育近二十年的青年，像我长日忧国忧民而毫无办法。好！跳出圈子，跨上新文化教育舞台，这是我平生第一个很大的转折点。

我所投考被录取的是上海南洋公学特班。南洋公学1897年开办（屡改名称，现名交通大学），先设师范院，后设附属小学，后来名外院。后设中学，名中院。后设铁路班。1901年设特班，和师范班、铁路班合名上院。督办是盛宣怀，为的他是全国铁路督办。学校费用是从铁路收入支拨的。总办是汪凤藻。

外国人点名 考试那天，我吃了一惊。大堂点名给卷时，一个身材高大的西洋人直立着，西洋人自然穿西装了，奇怪的是西装的帽子上加一粒蓝色的顶珠。中国的学校考试，怎么有西洋人参加呢？可见得清朝末期一切措施的情况了。后来知道这西洋人是监院，名福开森。

张元济口试 缴了试卷后口试。口试我的一位，后来才知道是张元济。至今还记得他当时问我：你信宗教没有？信哪种宗教？我答：什么宗教都没有信。他说：好！张元济，号菊生，后来我和他在师友之间亲密相处了几十年。新中国成立后病殁于上海。留下一首诗："维新大业平生志，解放功成又一天。报国有心奈无命，泉台仍盼好音传。"这位先生的思想，虽还受着历史性限制，但无疑地是富于爱国主义的。

蔡元培教育法 特班被录取的学生共四十二人。开课了。上半天英文、算学课，下半天中文课。中文总教习蔡鹤庼师元培（后来改号孑民）集同学谈话，交给我们一张中学分门清单，如哲学、文学、政治、外交、经济、教育等，约二三十门，让各人认定一门，蔡师就这一门开示应读的主要次要书目，叮嘱向学校藏书楼借书阅读。每天须写笔记送师批阅。蔡师还说道："现在中国被各国欺侮到这地步。'知彼知己，百战百胜。'我们要知道自己弱点，还要了解国际情况。了解国际，要通晓外国文，读外国书。英文自然要读，通日本文，比较容易，从日本书中亦可以了解国际情况。"我呢，就选定了外交一门，蔡师开示"国际公法"和外交文牍几种给我。还指示我们"和文"翻译法。让我们从学习日文翻译中，阅读容易了解的日文书。

每人将所写笔记缴送蔡师，蔡师不但亲手批阅，还每夜轮流召二三学生到蔡师房里面谈，或就笔记，或就今天日报所载时事消息指示种种，学生也可以提出意见请教。不但这种教育方法，切合学生们的要求，蔡师语言态度的亲切、谦和，使每一位学生都心悦诚服。这些还影响到上院其他各班和中院。

每月蔡师出题交特班同学抒写所见，题材是不拘的。记得有一次出题《春秋战国时代的爱国者》。

学习演说 有一天，蔡师招全班同学谈话，说：“中国国民在极度痛苦中，还没有知道痛苦的由来，没有能站立起来，结合起来，用自力解除痛苦，这是中国根本弱点，你们将来出校，办学校以外，还要唤醒民众，开发他们的知识。这些固然可以靠文字，但民众识字的少，如能用语言，效用更广。你们大家练习演说罢！”同学们感觉这话很有道理，蔡师还指示几种关于演说方法的日文书令阅看。就在蔡师领导下，成立演说会，定期轮流学习演说。正热烈地学习，忽然感觉有些人只是操地方语，不会说国语，我亦是其中之一。就推请特班同学中一人南方籍而生长北方操国语的李叔同名广平，教我们国语。叔同这位同学，一生行事，是很突出的，设立“春柳社”，首倡话剧，后来出家为僧。

初见马良 学校满布着爱好学习的气氛，蔡师不但勤于教，自己还勤于学。南洋公学设在上海市西徐家汇。徐家汇设有天主教堂，旁设徐汇公学，中有一位大师马良号相伯，学力深造。蔡师和几位教师向马老学拉丁文。我追随前去，这是我初次见到马老。他老活到一百零一岁。我最后见马老，那年他九十六岁。

每到夕阳西下，徐家汇周围大道旁，师生三三两两地漫谈散步，一种相亲相爱精神，简直描写不尽。

应乡试 到1902年秋天，沈肖韵姑夫来信了，约我和他结伴去南京应江南乡试。我生平只应过一回乡试，结果，榜上有了我的名字。特班同学分别在他本省应试，中选的十二人，中间有一个共同的优越条件，过去考试都叫人做“八股”文，这年开始改八股为策论。许多人做惯八股，不会做散文，这一群特班学生，散文的锻炼，经过了一年半，当然没有什么困难。而我个人还有一点，江南乡试有一个试题：《如何收回治外法权？》治外法权，在《万国公法》上说：“于驻在国所治之地外，得管辖其民之权”，是限于使馆所在地和使馆人员的。自五口通商，各国在我国开辟租界，把领事裁判权，假名叫“治外法权”，是完全违反万国公法的。这一些道理，一般人不尽能正确分析，研究过万国公法，当然能信笔直书，我就在这上边得了便宜。

八股文 略谈八股文，我也用过十年工夫的。顾炎武《日知录》：股是对偶的名称。八股文始于明宪宗成化二十三年（1487年），到废止时，计流行了四百一十四年。我在20世纪八股既废以后，曾游戏地做了八股的两股，这是我平生做八股的绝笔，也许这在世界上是最后的作品了。好在占篇幅不多，写在下边，作为中国流行四百多年的古典文学的最后纪念品。今后再没有人写八股文了吧！阅者不求甚解也好。

子曰：学而时习之，不亦说乎！（一）有朋自远方来，不亦乐乎！（二）人不知而不愠，不亦君子乎！（三）（《论语》第一章）——八股的两段

舍文章而求性道。五十学易，寡过犹惧未能。（一）何幸千里一堂，得畅聆乎苌乐郑官之解答。观流水而奏清琴。得一知音，生平可以不恨。（二）纵对巴人下里，曾何损乎阳春白雪之孤高！

全校解散 回校不久，大风波突然发作。中院某班教师郭某为了蓝墨水瓶问题，郭师主观地指定两个同学，严厉斥责，说："要报汪总办开除你。"全堂学生说：不是这两同学做的。郭更怒，立刻报汪总办。汪总办没有调查，立刻下手谕将这两生开除。学生推代表求总办免予开除，总办下手谕将这全班代表一并开除。学生一致请求不已，结果全班被开除。于是中院别班学生每班推代表见汪总办，请收回成命，汪总办再下手谕，将中院全部一千多学生一律开除。形势越来越扩张了。上院、外院各班学生也每班推代表见汪总办请收回成命，汪总办又下手谕将全校学生开除。中间各部分教师分别见汪总办婉劝息怒，商量转圜方法，汪总办对所有请求，一概不准。于是全院大小学生包括特班学生，无可奈何地全部向操场整队，由各班教师带领着，整齐着步伐，走出他们内心爱恋着的母校校门，一座宏大而巍峨的师生们极度亲切地朝弦夕诵着的南洋公学，从此解散。在教育史上留下一页很突出而惊人的记录。

蔡元培师招我们特班生谈话："汪总办不让我们完成学业，我们应该自动地组织起来，扩大容量，添招有志求学的学生来更好地进修，同学中对某一门能当教师的就当教师，愿回乡办教育的也好。"于是爱国学社、爱国女学在蔡师领导下，先后在上海办起来了。有些同学就他志愿，各奔前程。我呢！

川沙办学 "中国国民遭到极度痛苦而不知痛苦的由来，没有能站立起来，结合起来，用自力来解除痛苦。你们出校，必须办学校来唤醒民众。"蔡师这几句话，我永远记着。我乡川沙城里只有一个观澜书院，还没有学校，每月把八股文、试帖诗考地方士子。诗文做得好，有奖金称膏火。书院田产，收起租来充膏火。

机会来了，1901年清朝和占领北京的八国订立《辛丑条约》，命令各省州县办小学。1902年公布高等中小学堂章程，命令各省把书院改办学堂。趁此机会，我和川沙几个同学如张访梅（志鹤）、陆逸如（家骥）等商量，大家认为只有教育救国。当时我们亲见一本书，是日本尾崎行雄的《并吞中国策》，简直不把中国放在眼里。大家认为救中国，只有到处办学堂。根据清朝命令，联名公呈川沙厅（后来改县）同知陈家熊，请将观澜书院改办川沙小学堂。但明知官僚作风，认为多一事不如少一事；还有许多人靠书院考月课，取得些膏火，补助他们生活，对改办学堂，成为正面的利害冲突，绝对不赞成。因此我们设计于呈文上加一句"除同时呈请两江总督部堂批示外"，果然川沙厅不敢批驳。我和访梅就在1902年冬天，冒大风雪，坐着长江轮船（当时还没有沪宁铁路）到南京向两江总督张之洞衙门投文。我们的措辞根据“上谕”，总督立即批准，川沙厅吏无可如何，转而表示讨好，不但书院准改办学堂，还将院有田产，全充小学堂基金。

1903年正月末，川沙小学堂开办了。我和访梅分别被聘为总理和副办（名称照官定），为了减少人家反对，在我们所订章程上写明总理副办都尽义务，不拿薪水，自膳。访梅还有老辈贴钱，我是一个穷汉，怎么过去呢？去年分送乡试中式的文章（称朱卷，当时风俗，把朱卷送给某人，某人须送钱，每本一元至四五元不等），我收到的钱，除掉开销，约还余一百元。半年多的家用就靠这笔款。我和访梅都亲自授课。全堂七十多学生，分两班，五六个教师，我们各授课每日三小时。——但不收女生。我和我兄济北（名洪培）在家另开一女学，名开群女学（开群我嫂的名），我兄、我和访梅都兼授课。

问题来了，学堂开办费拖欠人家没得还。老练而广交的陆逸如带领我到上海珊家园访同乡杨斯盛（号锦春）。他是上海水木工业有名人物，我认识杨先生，后来轰轰烈烈地毁家兴学，这是最早的起点。我们把国家前途的观点和兴学的必要，亲切地讲给他听，他慷慨地捐银三百元，还命他的侄儿杨尧就学。几个月之后，他考查的结果，说：这样办学，别的我还不知道，青年种种恶习不会有的了。

当时我们办学堂，确是兴高采烈。正课以外，在城墙边举行分组速算竞赛。还每周公开演说。记得我担任过顾亭林、西乡隆盛等一生事迹的讲述。旁听的人多极了。

半年过去了。南汇顾冰一（次英）从日本留学归来，请来演说，还请上海杨月如（保恒）、穆恕再（湘瑶）、瞿绍伊（钺）、南汇马亦昂（戴仁）。说些什么呢？无非说国家前途的危险，外国侵略我的凶狠，快要瓜分我了，而政府不管事，老百姓蒙在鼓里。吸鸦片、赌钱、女子缠足，这些都是亡国弱种的勾当。说的大都是这套话。听者人山人海。

新场党狱　到处开演说会了。6月18日，我和访梅应南汇县新场镇青年们的邀请，还请了顾次英定23日演说，百里以内，舟车云集。地方痞棍密告南汇知县戴运寅：黄炎培等演说毁谤皇太后、皇上。那时清廷因上海章太炎、邹容案，通令各县查拿革命党。戴立将黄炎培、顾次英、张志鹤、张尚思拘捕。张尚思是从周浦来听演说的，不是演说的，胡涂地一并拘捕起来。这是6月23日事。四青年被捕了，南汇县衙门照壁上贴起六言告示："照得革命一党，本县已有拿获。起获军火无数……"一面电详两江总督魏光焘，江苏巡抚恩寿请示。苏抚电令解省讯办，江督电令就地正法。督抚电令两歧，再电请示，到26日中午12时3刻"就地正法"的督抚会衔电令到。但是四青年早于12时1刻出狱乘轮去上海了。是怎么一回事呢？

四人被捕，新场一群发起演说会的青年极度惶急，他们懂得"官怕外国人"，恰巧发起人里有一新场基督教堂陆子庄牧师，四人一下狱，他们立即约陆牧师连夜去上海总教堂见美国人步惠廉总牧师。步惠廉预测四人将受极刑，大感不忍，商之老律师佑尼干，设法援救。佑摇头。再问，佑答：我和你是美国人，一切要通过美领事、上海道，转详督抚，几个弯弯曲曲的手续，四个青年头早落地了。步惠廉老是不忍，坚求设法，事情已给杨斯盛先生知道，杨先生是老上海，说律师是非钱不行的。空口商量，律师哪肯提出办法！代步惠廉赠律师公费银五百两。佑尼干提出办法了，说：办法是有的。立刻雇一小汽轮，亲去南汇县，要求保释，只要释出，便有办法。时已25日下午，急急雇轮星夜前往，到南汇已是26日清早，冲进衙门，要见知县。戴运寅从来没有见过外国人的，战栗地出见。一个外国牧师，三个中国牧师——陆子庄、方渊甫、袁恕庵。经过三人翻译，坚厉地要求保释四青年。戴是吸鸦片的。不敢不早起，更不敢离座，自晨至午，这四个牧师，大有不释放不肯走的样子。戴烟瘾大发，自知事体万一弄僵，酿成教案，更不得了。无可奈何，要求总牧师具随传随到切结，还要加盖指模，以为这是羞耻之事。不料总牧师一一答允。那时我们在牢里，突然有人打开木栅栏，说一声“请”，把我们从人山人海中，在外国总牧师步惠廉带领下，出大堂，上汽轮，扬长而去。时已过午12时。一刹那，就地正法的电令到，戴运寅只有连连顿足，大大懊丧。

日本亡命　戴运寅越想越惶急，督抚问我要四个革命党人怎么办？连夜奔上海，求见总牧师，又想空手求见，不好，知道外国人爱吃鸡蛋，买了一大篮，闯进了慕尔堂，见了老牧师，双手献上，还交上切结，要求带四青年回去，总牧师只是笑。苦在没有译员，三个中国牧师一片笑声，老是不肯翻译。

四个青年既脱难，中国牧师建议总牧师，乘机劝他们入基督教。总牧师步惠廉正色说：我救人为的是爱人，宗教信仰完全自由，哪可以有所要挟。

当时舆论一致痛恨戴知县。但上海思想落后的报纸，有意丑诋，报上写道：黄炎培穿了皮靴铁秃铁秃满街走，一望而知是革命党。新舞台编演新戏《新场镇》，演得有声有色。独章行严（士钊）主持的《国民日报》写一篇《南汇之风云》，大为张目。

受过杨斯盛赠银五百两的佑尼干律师，急告步惠廉总牧师：四青年案不行了。万一清政府派上海道就上海租界会审公堂审问，一经审过，可以立即解往内地，那完了，只有快快出国。我等连夜计划走日本，杨斯盛慨然赠给川资，买到西伯利亚船四等舱票，那时张尚思已声明并未参加演说，案中除名了。

西伯利亚船出了吴淞口，茫茫黄海，回看祖国，一片大陆的黑影，逐渐逐渐地随着夕阳而西没。挥泪告读者们：我生最难堪，要算此时此境。陈天华烈士就在这情况下蹈海了。我友姚定生留日回国，发起上海中国公学，一天送给我一张字条，全是隐语，明天，黄浦江浮出遗体了。——我们一行三人，不甘自杀，定要为祖国生存而奋斗。先从改名字下手。顾次英原号冰一，改号仲修；张志鹤原号访梅，改号伯初；我呢，原号楚南，改号韧之。韧字的意义，刃是刀，韦是牛皮，要杀敌，要坚忍。——到辛亥革命以后，改号任之。

渺渺前途，将去日本何地呢？杨先生赠给川资，虽说不够尽可续汇，但总应节用。仲修才从日本归国，他有一位朋友，是南汇同乡陈平斋，在神户设源昌号，是很有地位的侨商，我们先去神户依靠他罢。到神户，在陈老殷勤招待下，暂且留住。同乡胡谦六客死，我挽以联："神州满地腥膻，宁我辈有死所；海外千行血泪，送君魂归去来。"可以看出当时流亡情绪。

神户食宿不名一钱，做客太久，不好意思。流连半月，去东京，寓东樱馆。展开活动，认识了不少新旧朋友。过从最密是刘三（季平）。刘三、仲修和我三人江户寓楼雨坐联吟，尽诗韵十三覃，得九十六韵长句。末了几句："春雷震醒群呓喑，笔砚焚尽书饱蟫。间关杖策走趁趁，男儿气节慎勿媕。君不闻黄龙之酒味醰醰。"那时意兴渐豪放了。无如旅费逐渐加大，很感支持不下去。杨斯盛先生说明可以续汇，但三人个性都带孤傲，不肯多求。我曾入清华学校习日文，准备留学，不久亦废。

留东京，岁暮了，祖国父老纷函促归。说戴知县早已撤职，事情过去了。我们囊中仅存归国川资，三人无奈，相偕归国。

亡命归来 归国去哪里呢？那年是1904年，在日本旧交上海杨白民（士照）就其家南市竹行弄创一城东女学，被邀任教职。白民贫甚，赤手办学。仅有住宅一所供校舍。我更贫，送妻和二妹就学，把教师工资抵三人学费。那时各地兴学风气大开，刘三留日本学陆军，家上海南郊华泾。就宅旁舍地葬革命志士邹容。刘三名既震，某夜，猝被租界捕房逮捕。刘三有叔子瑜（增祥）负乡望。我虑刘三被引渡，当夜踏月南走二十里，天明到华泾，报告他的叔，乞营救，获释。刘三就其家创丽泽学院，邀我往教，学生百人，文学外特重武术，精神奋发，惜不久停办。

三人回国，杨斯盛先生早在计划请我们办学，到那年下半年他在梅白克路建一新宅落成了。冰一已应他友招聘，去东北办报，招我和伯初就宅创办一广明小学。1905年，杨先生更兴奋，提出大计划，在浦东六里桥，大兴浦东小学，而办一中学作为中心。那时教师很感难请，同时就宅办一年毕业的广明师范讲习所，一并交我们负责。

我真加入革命党了 我虽被控为革命党判处死刑，那时与革命党实无关系。亡命日本那年，还在中国革命同盟会成立前两年。到服务广明师范和小学那年，1905年，真加入革命党了。那年7月，蔡元培师招我到他家里，时在深夜，蔡师很诚恳而庄严地指出国家大局前途和我们报国趋向，说："只有集合同志，组织起来，共同奋斗。现在爱国志士集中于中国革命同盟会。同盟会是孙中山先生领导的兴中会，黄克强先生领导的华兴会和无政府主义派连同其他革命人士结合起来的，你愿不愿加入？"我说："刀下余生，只求于国有益，一切唯师命。"嘱我明夜此时再去。再去，师给我宣誓书，主要四句："驱除鞑虏，恢复中华，建立民国，平均地权。"师正襟坐，我立桌右极庄严地举手宣读一遍，师和我握手，从此我正式为中国革命同盟会会员了。不久，师准备去德国留学，将同盟会上海干事一职，嘱我接任，给我极秘密的和会员电码名单，密件都是薄纸蝇头小字，每一党员名字，都注"商号"两字作代，共四十九人。例如赵伯先商号"震康"（黄花岗一役伯先同志是组织者，但事先病死）、陶焕卿号“济世”（辛亥冬被暗杀，下详）、柳亚子、俞子夷、章行严……不尽举。还有炸五大臣以身殉的吴樾号孟侠，不久事发，阴敬悼之。这密件我夹置线装诗韵去声九泰蔡字韵页中间，即使被查抄，也查抄不得。不久，得东京电，廖仲恺过上海；不久得昆明电，干崖土司四个女青年去日本留学过上海。我一一招待在法租界旅馆，为的是法国人还是愿和党人联系的。一天，我正在广明师范小学，和杨先生谈校务，窗外一巡捕高举大红色麦兰两字名片，说：“麦总巡请黄炎培先生去。”杨先生问何事？我心知有异，急答：“也许名字译音有错误吧！我有什么事呢！”杨先生向巡捕说：“等会儿我来好了。”我很窘，当夜急问杨先生：“麦兰说什么话？”杨先生说：“麦兰只说黄先生为何不来？算了。”明晨，我访麦兰，麦兰说：“昨何以不来？孙文坐法国兵船来招你去。”我问：“现在何处？”答：“在船上。今早走了。”事隔四十年，从柳亚子《南社纪略》第五节发现如下一段记载：“我在上海健行公学教学时，孙先生从外国经过上海，靠了法巡捕头某君的招呼，我和陈陶遗、高天梅几个人坐小划子到吴淞口外大轮船上，见过他一次。”这次我错过了机会，但二年前曾在上海张家花园听过中山先生一次大规模演说，听众人山人海，上海人民受到民主革命、民族革命思想的灌输，这是基础。

我和中山先生亲切的个别谈话，还在辛亥革命之后，先生脱卸了政权，住上海闭门写一本《孙文学说》，稿才及半，忽然招我去对谈，拿出学说初稿，虚怀下问，我说：现在一般同志对于革命，虽杀身成仁，在所不惜，该说能“行”的了。但为什么革命？怎样革命？未必尽“知”，还没有提得出办法。因此我想到“知”是“难”的，“行”是“易”的。为了发挥这些道理，唤醒一般同志，写这本书，愿向你请教。我惊讶中山先生这样虚心。我就率直地答复：多少年来，为了革命而死，包括杀人自杀，我所联系的这些同志，也已着实不少。到今天怎样救民？怎样救国？要切实地提出计划办法来，先生写这本学说，一面唤醒，一面号召，在今天说来，确是切中需要。中山先生说：那就让我写下去。但我不长于写文章，这已写的，请你看一遍，字句上有须斟酌的，请你动笔。我就不客气地照办。时至中午，和宋庆龄国母——今时的副主席三人共餐，餐毕而散。孙中山先生的伟大，一般人未必尽知。特记于此。

浦东中学开办 1906年浦东中学开办了。就浦东六里桥购地四十亩，特建校舍，嘱我设计草图，由校主杨先生以专家资格亲自督工，中间大礼堂容千人以上座位，东西各建“匡”字形的两层楼，楼上下各容几十个教室，两个“匡”字形向大礼堂对抱着。一边是小学，容量较小，一边是中学，容量更大。后边是两座饭堂。再后是两座雨中操场。礼堂前是很大的运动场，设备着各种运动器具。校舍以北是杨先生别墅，花木满庭，下临白莲泾，清幽绝俗。我和伯初是直接受杨先生委托的。各科教师，由我严格选聘。校医有西医还有中医。大家感于杨先生热诚兴学，被聘的个个尽最大的努力。每周定期，我和伯初、广明师范毕业生孙肖康、王则行各肩小黑板，分向附近各村落，招集男女老幼，从识字中间，讲到国家情况，国民责任，教得六里桥一带人心兴奋起来。杨先生得暇即来校，和师生谈笑为乐。开学那天，杨先生亲向全体学生提出修养三点："勤"、"朴"、"诚"。把一个新兴的教育机关，办得如火如荼，各地考察教育的，争来参观。一天，江苏提学使毛庆蕃来了，巡行全校，详细视察，满意而去。

大问题来了。有人密告两江总督端方：前在南汇县新场镇演说革命的黄炎培，现潜回上海，运动杨斯盛捐办浦东中学，日对诸生宣讲排满革命。江督饬苏提学使毛庆蕃彻查。一天，杨先生忽接苏提学使电邀，相见之下，详问黄炎培为人怎样？在校做什么？教些什么？杨先生据实答复。问有没有革命嫌疑？答没有。问你能保么？答愿以身家担保。问黄炎培月薪多少？答四十元（其时中学校长月薪标准一百元，但浦东同事感于杨先生的热诚，大家领薪极少）。毛提学使听了大惊异。说：上年我去视学，确是不错。这样说来，黄炎培当是好人。命杨归，嘱黄来苏。明天我去，大堂设公案，揖见之下，略问兴学旨趣，施教方针，邀至后堂，给午餐，命子侄辈作陪，详问平时读什么书？我乃详细答复："幼读四书五经，后从十三经中选读《尔雅》，从《二十四史》中读《史记》、《前汉书》、《后汉书》、《三国志》，从诸子百家中读《庄子》、《墨子》，从唐人诗集中读李白、杜甫两家，为的他们都是代老百姓说话。从宋儒学案中读朱（熹）、陆（九渊）两家。但我特别重陆，他说'六经皆我注脚'，此言正确。明儒特重王阳明

（守仁）、顾亭林（炎武）……”话还没说完，毛提学就说：“你读那么多书，选择那么精确，谁说你是革命党？”对他的子侄辈叹口气说：“唉！你们要学黄先生认真学习、认真工作。”临别告诉我：“你好好努力办学，学校是办得好的，我亲眼看过了的。”隔几天，发表一道公文，长三千言，结语：“今后如再有人根据旧案，控告黄炎培革命，从此立案不准，以免冤枉拖累好人。”哪知这时候我正当中国革命同盟会上海干事，执行任务！我虽万分感激杨先生以身家担保，毛先生有意维护开脱，我怎敢忘却献身国族的大义！怎敢放弃我天职呢！我只有更加努力，来报答两先生的厚爱了。

江苏省教育会成立　清朝末年，各地兴学的风气大开，新旧思想复杂，学校和学校斗争，学校和官厅斗争、和绅士斗争，这派绅士和那派绅士斗争，还有学生和学校斗争，酿成种种纠纷。江苏省有江宁提学使，有江苏提学使，一驻南京，一驻苏州，同是管辖全省学务，时时发生职权上的争执，在这种情况下，1905年很自然地产生江苏学务总会（后改名江苏省教育会），主要成员沈恩孚（信卿）、姚文枏（子让）、袁希涛（观澜）、杨廷栋（翼之）、雷兴（继兴）、方还（惟一）、刘垣（厚生）、孟昭常（庸生）和我，这一群人推举张謇为会长。各县纠纷发生新旧冲突，我常被推为调查干事，实地调查，具一书面报告，根据理论和事实，判明曲直，解开症结，恢复和平，这份报告书公布后，取得双方当事者接受，使学潮得以平息。因此，我遂被推为常任调查干事。这是我生深入社会的初步，也就给我向群众学习的机会。江苏六十三县，我足迹及四分之三。

同时号召各省同样设立学务总会。每年每省轮流举行一次教育总会联合会，第一年在江苏举行。江苏很自然地做了全国领导。

这是教育性的江苏中心组织，经过几年，成为政治性的江苏中心组织，为的是集中这一群有力的人物，有有力的领导，又是江苏唯一的江南北统一的机构。因此在辛亥革命洪潮中，成为江苏有力的发动机构。

杨斯盛先生逝世 1908年，浦东中学创校者杨斯盛先生病殁于浦东别墅。病中语我：我早知我校基金不够，还想天假余年，学校还应大扩充。我死，你将向哪里募款呢！现在我勉力凑捐基金十二万两。只望我死后，支撑这校的稍减艰苦。黄先生！你跟各位校董勉力罢！明天杨先生长逝。弥留时自言自语："学校里黑板还要改良。"——浦东中小学教室用黑板，和一般学校一样，都是黑漆木板加框。教师用粉笔在黑板上写字，学生不很看得清楚。杨先生想出新法，用玻璃板经过用力地磨，使得不会耀光。学生看板上教师所写的字清楚得多。这一工作正在进行，经过杨先生的遗言，立即实现。使浦东中小学教室气象一新，为他校所没有。

浦东中学买地筑舍开办费，连同杨先生逝世以前历年经费，约共耗银十二万两。临殁捐基金十二万两，留给遗属，仅得维持生活。在学校落成以后，官府不止一次要求写一报告，上详请奖，杨先生始终不同意。像杨先生真是毁家兴学，一切是为了教育、为了学生，而无一丝一毫为个人立名。我别无纪念，写一篇

《杨斯盛先生言行记》，送报馆和有关各县修志局；以全校公意在校旁建立一座杨斯盛先生铜像。

江苏咨议局成立 1909年清廷按照筹备立宪清单，各省设咨议局。江苏八府三州，各为单位，选举议员。当时全国都还没有贿选风气，我当选了。那年9月1日在南京开会，议员一百二十人。互选张謇（季直）为议长。议长开幕词劈头几句："不明世界大势，不能解决一国问题。"议员多来自田间，听这几句，胸襟顿然廓大。在一百二十议员中，额定十六个常驻议员，负责调查省政。我又当选了。那时浦东中学部分杨氏家属，对我蓄怨，日渐显著，至欲得而甘心。李平书（钟珏）、姚文枏（子让）、秦锡田（砚畦）各位上海老前辈，都被聘为校董。校董开会，对家属仇怨情况，都感不安，我声言：我受杨先生这样重托，哪敢临危退却！校董会反复会商，结果，设主管学务校董，主管财政校董各一人。推我任学务校董，去就咨议局常驻议员，推秦锡田担任校长，学校遂得维持平稳。我不居名而仍负责。

我被选咨议局常驻议员，竟共咨议局相终始。那时省政棼如乱丝，省府应将一年度预算交议，乃官员不懂预算，交出一大堆文卷，要求我们代为编制，乃就常驻议员中推定小组，姚文枏总其事，我为副，会期有限，爬梳剔理，日夜赶办，从我说来，实是生平最辛苦的一次学习工作。上文说过浦东到上海，经过严家桥的厘卡舞弊情况，我在咨议局约集几位同志分区调查的结果，真是"天下乌鸦一般黑"。主张裁撤厘卡，改为由商人认捐，会议通过。算是剔除病国病民的一种弊政，到1911年实行。而武昌起义，民主革命告成了。

辛亥革命的背景 辛亥是1911年（清宣统三年），我生三十四年。

要了解某一时期，必先了解这一时期的背景。1908年清慈禧太后死。载湉帝（光绪）在不明不白中先死了，年幼的溥仪（宣统）继承了帝位。张之洞死了，袁世凯被罢免了，载沣为摄政王，政权全入满人手，虽然宣布实行立宪，颁行地方自治章程，而人心大去，腐朽的反动统治清朝，很明显地已成末日。

辛亥以前十年中间，1900年，唐才常起义湖北不成；1904年，黄兴（克强）谋起义长沙不成；1905年，吴樾（孟侠）谋刺载泽等出国考察宪政不成，被杀；1906年，江西萍乡党人起义不成；1907年，徐锡麟刺杀了安徽巡抚恩铭，徐被杀；同年，孙中山、黄兴等攻镇南关不克；1908年，云南河口黄兴等起义不成；1910年，汪精卫谋刺载沣不成被捕。在此以外，1903年，沈荩被清廷惨杀，章太炎、邹容被捕；1907年，秋瑾被杀。大大小小事件，在这里不完全列举了。这些事实，给全国人心以很大很大的激愤。觉得再不能忍耐了。

那时一般激进青年的作品：

秋瑾感时诗

（节录两联）

瓜分惨祸临眉睫，呼告徒劳费齿牙。

祖国陆沉人有责，天涯漂泊我无家。

秋瑾还写一种小说，劈头一首诗，次联：“可怜国事如斯急，无奈同胞梦不醒。”因此父母倾向革命的，那时生儿女，名“梦醒”。就我所认识，不止一家。

秋瑾被逮，绍兴知府请示浙抚，浙抚以问巨绅汤寿潜，汤复以“杀有余辜”四字，遂被杀。吴芝瑛葬秋瑾遗骨于西湖旁。建阁名“悲秋阁”，亭名“风雨亭”，上题秋瑾临刑口呼的“秋风秋雨愁煞人”句。

赵声（伯先）从天津寄赠吴樾诗

（节录两首）

一腔热血千行泪，慷慨淋漓我有言。
大好头颅拼一掷，太空追攫国民魂。
临歧握手莫咨嗟，小别千年一刹那。
再见却知何处是，茫茫血海怒翻花。

这些足够代表那时激进青年们思想的了。中间不少是中国革命同盟会的同志。写到这里，同志们这样慷慨就义，我起敬，我还在淌泪。

有不少爱国志士，看到无法救国，竟至自杀。我有一亲密的同志湖南人姚宏业（定生），投水自杀。

辛亥革命的导火线 1911年辛亥3月，黄兴、赵声等在香港组织起义广州，攻督署不成，死难七十二人，葬黄花岗。一般称“黄花岗之役”。黄兴幸免。赵声病不及参加，旋即病死。

清廷宣布铁道国有，四川人民抗议，川督赵尔丰大屠杀。这些都是辛亥革命的导火线。

辛亥革命中的我 辛亥革命，那时我是什么身份呢？我在这中间怎样参加工作的呢？

那时我任江苏省咨议局常驻议员、上海工巡捐局议董（这局是上海县地方自治组织的前身，实际上已成为上海地方性的权力总机关，李钟珏〔平书〕是总董）、江苏省教育总会（设上海）常任调查干事、苏州江苏地方自治筹备处参议。

我在上海有一群政治意识不完全相同而一致倾向于推翻清廷，创立民国的战友。中间教育界为主力，包括新闻界，进步的工商界和地方老辈如马良（相伯）、张謇、赵凤昌（竹君）、姚文枏等。在上海很自然地成立起几个据点来，经常集会。教育总会是一处，工巡捐局是一处，望平街时报馆上层“息楼”是一处——《时报》是当时最进步的报纸，负责者狄葆贤（楚清）。又一处是赵竹君的家“惜阴堂”，张謇来上海，时时会集在那里。而奔走联络这几个据点的是我。

马相伯老人还时时招我去徐家汇问大局情况。

那时的江苏巡抚程德全，是清朝的官吏而很得到人民拥护的，为的是他做过一件突出的事。

程德全四川云阳县秀才，黑龙江省候补知县。1900年（清光绪二十六年庚子），帝俄侵略东北，程德全请赴前敌，将军寿山命程德全和俄交涉，无效。俄国隔江发炮轰城，寿山自杀。程德全时时以身挡炮口，俄人大感动，中止发炮。黑龙江人民认为以程德全一人的牺牲精神，使全城保全生命，请求清廷任命程德全为将军。适西太后招待外宾，俄公使夫人盛称中国有好官程德全。那时黑龙江改省，清廷就破格以程德全为黑龙江省巡抚（根据多禄所写《庚子交涉隅录》）。到1910年（宣统二年）3月调任程德全为江苏省巡抚。

辛亥革命开始 辛亥革命开始了，1911年8月19日，革命军起义武昌，总督瑞澂逃，推黎元洪为都督。接着黄州24日、沔阳26日、宜昌27日先后起义。各省纷纷响应。

24日，上海赵竹君电话招我去“惜阴堂”商时局前途应付方法，定了一些策划。

9月13日下午，上海民军和商团巡警联络成熟，在闸北突然起义，上海全市挂白旗。当夜会攻清军唯一的武装集中地制造局，不得手，陈其美被捕。李钟珏那时兼任局提调，早把是非利害向局总办张士珩反复劝导参加起义，张不允。到陈其美被捕，李又去劝张释陈，仅得不杀。继而民军和商团巡警陆续进攻，14日上午8时终于胜利地攻破制造局，张士珩逃。

陈其美被推为沪军都督，李钟珏为民政长，上海道、县官印，都接收下来了。

15日下午，江苏苏、松、常、镇、太五属人民在江苏省教育会举行会议，公推代表去苏州劝程德全起义，我被推为代表之一。立即上车，到苏州则已宣布独立。事情经过是这样的：14日，民军五十余人由上海专车到苏州，会同新军营代表见巡抚程德全，那天上海起义的消息已到，苏州人民纷纷推代表见巡抚劝响应，程德全慷慨地说："此举我当然赞成，但务必秋毫无犯，勿扰百姓。"

我在五属代表中先到苏州，但我到时已满街悬白旗了。

江苏独立　江苏宣布独立，公推程德全为江苏都督。我就被留下办公。

程德全就都督职，首先表现一特点，不杀伤一个满洲人（他省有大杀满洲平民的）。都督府发出六言告示："照得民兵起义，同胞万众一心。……旗满视同一体，大家共享太平。"通电全省各县，即日反正，别伤害满洲平民。

我留都督府办公，首先做两件事：（1）参与起草新的官制；（2）和同事分向所属各衙门收取印信。在这里又表现一特点，我被命收取提学使樊恭煦印信，那时樊十分战栗。我受程都督谆嘱，十分亲切地向樊说："此举出于全民公意。你如愿留苏，就留下，给生活费。愿回原籍（樊浙江人）当送回籍川费。"樊愿回籍。所属各卸职人员包括撤换的各知县，一律这样待遇。大家感觉民国比清朝大大不同。

都督府任张一麐（仲仁）为民政司司长，未到任前沈恩孚代。我任民政司总务科长兼教育科长。

都督工资每月五十元，司长三十元，科长和各县县知事（民国不称知县称县知事）二十元。大家工资低，却精神奋发。一片新气象。

南京江苏咨议局无形解散。设临时省议会于苏州。10月1日行开幕式。

我的任务比较广泛，有奔走各方的必要。为的是处理问题，大家认为有一同盟会会员在座，较好。

人民要求革命的狂热 上海“息楼”所在的望平街，每晚人山人海，发生大影响了。望平街左右相望的报馆，家家大玻璃窗上张贴各地消息。街上日日夜夜群众挤得满满地在打听。一个捷报到来，鼓掌狂欢；一个报告失败，认为这家报馆受清廷指使，诬胜为败，群众高度愤恨地把大玻璃窗砰轰砰轰地立刻打得粉碎。从此报馆不但不敢在门首披露失败消息，特别不敢在报上披露。报上一披露，整个报馆哪里还保得住。这样一片独立声、胜利声，震动全国，腐朽的清廷狂骇了。

那时南京还给清廷的走狗张勋盘踞着，正在极端残害人民。各地民军公推江苏都督程德全统率联军进攻南京。程都督慷慨就道，发表一篇誓师文。这篇誓师文，曲折反映程都督思想，写得激昂恳切，当时很博人们传诵。中有警句：“欲求政本之廓清，端赖国体之改革。无汉无满，一视同仁。为国为民，鞠躬尽瘁。将泯贵贱高下为一大平等，须合行省民族为一大共和。……仗诸君热力，再造河山。是民国义师，咸遵纪律。……”

在江苏省教育会召开全国共和联合大会 10月12日，联军攻下南京。那时各地民军大大小小不等，但从它们旗号计算起来，不下十七八个单位。各推代表集合起来，程德全亦到，黄兴亦到。10月14日，在上海江苏省教育会开全国共和联合大会，公电孙中山回国主持大政。公举黄兴为大元帅，黎元洪为副元帅，国名定为中华民国。黄兴等建议。规定国旗式样。经过反复研讨，取五族共和的意义，决定以五色为国旗。红、黄、蓝、白、黑象征汉、满、蒙、回、藏。

自从武昌起义，清廷起用袁世凯，任命为湖广总督，统兵驻京津。袁立即电招张一麐去北京。上文所说："惜阴堂策划"从此开始。

惜阴堂赵竹君等认为：全国人心是一致要求独立的；革命军热情、勇敢、牺牲精神都是有余的，可惜实力太不足。腐朽的清廷看到各地纷纷起义，已很惊骇。各省督抚纷纷劝清帝让位。在这种情况下，只有利用拥有实力的袁世凯去劝清廷，可能生效。谁能说袁世凯呢？只有久在袁世凯幕下的张一麐能说世凯。经过多次函电往返，只见袁世凯部下冯国璋兵忽而猛击民军，忽又按兵不动，忽进忽退，感觉无从捉摸。最后电张一麐面询袁世凯真意，袁答："诸位懂拔树方法么？几百年大树，专用猛力，虽折断，无法去根。只有左右'晃'的一法。'晃''晃'晃之不已，根土松动，全根一拔即起。我的军队忽进忽退，就是'晃'的一法。"

没有几时，汪精卫被释放了。袁世凯委任唐绍仪为代表，民军公举伍廷芳为代表，双方在上海进行和谈。这是表面文章。实际上袁世凯和清廷间商定：（1）清帝让位；（2）汪精卫释放；（3）提出清廷满意的优待条件。而袁世凯和民军间商定：（1）清廷让位；（2）改建民国；（3）总统职位给袁世凯。

孙文就大总统职 11月6日，孙中山先生从海外归来了。10日，直、奉、鲁、豫、鄂、湘、粤、桂、闽、晋、陕、滇、赣、皖、蜀、苏、浙十七省代表集中南京，开临时大总统选举会，孙文以十八票当选。黎元洪当选为副总统。13日，孙文由上海专车去南京，就临时大总统职。确定国号为中华民国。改用阳历。那天就是中华民国元年1月1日。

清帝宣布退位 2月12日，清帝宣布退位。公布优待清室条件。孙文辞职。袁世凯继任临时大总统。周旋其间的是汪精卫。

辛亥革命写完了吗？还有一件事，我不能不附录在这里。辛亥11月25日夜，革命大领袖之一陶成章号焕卿在上海广慈医院被刺死。刺客为谁？怎样刺杀？很有人说是陈其美命蒋介石刺死的。各种记载，大都推给他人，脱卸自己。无论如何，从整个革命说来，总是一件很大不幸的事。我是认真写日记的。根据我的日记：1927年6月3日，上海澄衷中学校校长浙江人曹慕管和我漫谈。曹说："我民元，病卧广慈医院，一日傍晚，蒋介石来谈，临行说：我们今晚将做一件大事。夜半，忽闻枪声，别室陶焕卿中枪死了。"有深知此中秘密的告我："陈其美嘱蒋介石行刺陶焕卿，蒋雇光复会叛徒王竹卿执行。焕卿以为竹卿是自己人，请他入室，就被刺死。光复会终于又刺杀了王竹卿。"陶焕卿是写在我所收藏同盟会会员名单上的。

辛亥革命，从广义写起来，接下去是宋教仁被刺，袁世凯叛变，二次革命，"抽刀断水水更流"，是无法划断的。辛亥年结束了。写辛亥革命，就暂且搁笔。

辛亥革命还在十月革命之前六年，马克思经典学说没有传布到中国。我们都完全没有阶级认识；有的只是爱国主义、民主主义、人道主义、反封建主义，许多同志为了实现这些理想，不惜牺牲生命，是大大可敬的。太可惜的是发现了若干人枪口不对外而对内。这些从革命全局来说，到底是很大的损失。

牺牲了不少爱国志士，政治上收获些什么？很难说，但封建帝制被推倒了。社会风俗人心，从某些部分看来，辛亥以后和以前大大改变了。所有卑贱、颓废、放荡行为，有些减少，有些完全消灭了。让我具体来说，辛亥以后：（1）很少见口头上、书面上被称或自称“大老爷”、“老爷”、“少爷”；（2）“磕头”、“三跪九叩”、“打请安”没有了；（3）男子一律剪辫子。——我们参加革命工作的，必须到最后关头才剪辫，辫子是最好的掩护物。——女子裹脚从此解放了。已裹的放掉，已经裹小的也放大。社会上很自然地一致认定，民国纪元以后生下的女儿，一概不裹脚；（4）鸦片风一时没有消灭，但较辛亥以前渐减。大家认为不是一件体面事（辛亥以前，一般认为鸦片瘾越大，越体面）；（5）满族倡始而渐及汉族的男妓，辛亥后逐步地消灭。总之，辛亥革命无数头颅所换来的，推翻封建帝制以外，广大民众的体格、品格相当提高了。但仅仅得到这些。

从进步青年看来，某些部分风俗人心的变化看来，以望平街为例，从广大民众的要求看来，那时人民是很愿意接受革命号召而跟着进步的。可惜我们没有能提高认识，特别缺乏阶级认识，以致没有能依着世界先觉者所指出的道路而在中国抢先一步，领导进行。——还因中山先生接受廖仲恺建议，定了联俄、联共、扶助农工为三大国策，1925年，中山手下胡汉民竟暗杀了仲恺。——马克思经典那时早已陆续出版，《共产党宣言》是1848年出版的，《资本论》第一卷是1867年出版的。我们没有及早译读。再隔五十余年，中国共产党诞生，又经过千锤百炼，终于在毛泽东领导下，1949年中国才得解放，一步步进入社会主义社会。对辛亥革命，让历史学家正确地写着："这是资产阶级的民主革命。"历史学家还原谅地写着："这是历史发展规律性的限制。"但像参加在中间的我，到了今天，对死者，对广大的民众，内心哪能不愧歉呢！

第三时期（1914—1930年）

辛亥革命的种种后遗症 1911年辛亥革命。辛亥年十一月初十日，十七省代表在南京开临时大总统选举会。孙文当选，13日就职，改用阳历。就以那天为中华民国元年1月1日。此后种种后遗症，陆续而来了。

袁世凯不肯南来 上文不是说过，袁世凯和民军间，商定：（1）清廷让位；（2）改建民国；（3）总统职位给予袁世凯么？元年2月12日，清帝退位，孙文辞职，举袁世凯为临时大总统，一一如约。18日，孙文派蔡元培等往北京欢迎袁世凯来南京就临时大总统职。袁世凯凭借北洋势力，不欲南行，又不肯开诚说明理由，嗾令第三镇曹锟所部在北京兵变。兵匪抢掠达旦，商民被害千余家。天津、保定驻军相继抢掠。孙文等不得已，10日，让袁世凯在北京受大总统任。这是袁世凯作风初步的表现。

袁世凯任意杀人 民国二年（1913年）3月20日，上海车站突然发生暗杀。查被杀者是前农林总长宋教仁。凶手武士英当场被获。事由袁世凯嗾赵秉钧购洪述祖、应夔丞，洪、应购武士英执行。事后袁命严鞫洪、应、武，一律处死刑。无何，袁暗杀赵秉钧来灭口。孙文、黄兴先都去北京见过袁，但袁语人："看透孙、黄除捣乱外无本领。"宋教仁在参议院（已移北京）展开活动，吸收了大批政客入国民党，并在国会选举中获得了压倒多数的胜利，当然是袁世凯所绝对不能容的。这样凶狠，正是袁世凯手法的一种表现。

程德全不肯害民而下野 就我在南方目睹的来说，国民党既和袁世凯势成水火，中间陈其美最主张起兵北伐，看到程德全率民军打垮张勋，创议依前轨进行；而黄兴为人比较慎重，陈其美故意诬他受袁世凯贿，逼他说：你不是受袁贿，何不去南京劝程德全都督出兵，你不去说程，证明你受袁贿。黄兴急赴程德全前跪下，要求出兵讨袁，否则将不可为人。程德全说：袁世凯这样残杀，我自然同意讨袁的。但是出兵要饷要械，总而言之要钱。黄兴长途电话问上海陈其美，答称明天有两列车钞票运来。明天钞票运到，一检查，全是已经因接济民军而倒闭的信成银行的无用钞票（行长沈缦云因此被害于大连）。程德全色然对黄兴和大众说：讨袁我和诸君完全同意，不过把废票当军饷，军官和士兵拿了枪械向民间购食用品，老百姓苦死了。黄兴再请，叩首不已，程德全说："这样害民的事，即使出兵，也不能打胜仗。诸君！

害民事我决不做，我辞职。”这是1912年7月15日我在场目睹的事。随后上海来电话，黄兴就临时以江苏都督名义宣告组织革命军。继而，张勋窃据南京。从此程德全去上海闭门退隐以终，省长应德闳亦辞职。德全退隐，足不出户，我经常亲切地访问，时时垂询国事。一日，德全病亟，招我去语我：中国是五族一家。中间藏族人民受英国人压迫，极度痛苦。我病自知不起，你年轻，必须努力解决这一问题。德全旋殁。解放以来，藏族人和他族同样产生全国人民代表大会代表，如德全今尚生存，老怀定当大慰。

害国殃民的袁世凯　南北既成水火，1913年（民国二年）1月，袁世凯下令召集正式国会，到5月1日才选出两院议长，到明年10月6日才由两院组成总统选举会。袁遣军人几万参加，号称“公民团”，包围国会数十圈，迫令即日选出袁世凯，袁才当选正式大总统，10月10日就职了。犹以为未足，1915年（民国四年）12月11日，号称“国民代表”的人推戴大总统袁世凯为皇帝，31日，改元“洪宪”。先是袁深恨全国文武都是国民党，下令解散国民党，并取消国民党籍的国会议员。全国鼎沸，人心大去。1916年（民国五年）3月2日，袁世凯悔了，取消洪宪年号，6月6日袁世凯死。当洪宪时代，北方朋友告诉我：据警所呈报，来自四方旅食京师谋事者十七万人。从此由袁而段，而冯而曹，简直是一丘之貉。

我没有入北洋圈套　我很感谢张謇。袁最早师事张謇，北洋政府成立，聘謇为农商总长，师事降为僚属，窃帝位，列謇于嵩山四友了。袁对謇前倨后恭，无礼如此。有一天袁语謇：闻江苏有一黄某，很活跃，我想招他来，政事堂里还缺人。謇答："黄某不宜做官，外边也要留个把人的。"后来謇把这事亲以语我。袁世凯有一天语人：江苏人最不好搞，就是八个字："与官不做，遇事生风。"后来当局的两次发表我为教育总长，我都辞不就。

我的出处 那么我个人出处怎样呢？我敢于直说：我在职是有计划地工作，我去职是有计划地活动。

我在江苏都督府，先被任为教育科长，1912年（民国元年）12月被任为教育司长。上文说过：程德全辞江苏都督职，江苏省长应德闳亦辞职，我当然相继辞职了。韩国钧被任为江苏省长，到我家坚邀我继任。我说不是喧传张勋又将窃据南京吗？要便北伐，否则程都督留下的语，值得注意。韩坚邀我去南京帮助他开个场。我说，开了场就走，请谅。到南京，喧传张勋来了，张勋被任为都督了。张勋到任第一件事为他母亲做寿，僚属纷纷献屏幛，有人来逼我同具名，我留书给韩国钧，飘然遂行，这是1914年3月事。（韩国钧，字紫石，江苏泰州海安人，知县出身，做官有政声。抗战时期，与中共新四军有联系。日寇陷海安，韩拒降，后病死。）我负江苏教育行政责约三年有余。

五年教育行政计划书 我在职，做些什么事？就江苏省人力财力可能和需要，1913年订了一份《江苏教育行政五年计划书》：第一，小学。各县限期调查学龄儿童，就其住址疏密，规定设立小学地点。县设甲乙两种师范学校，或设一种，以供师资。第二，中等学校：（甲）师范学校。规定校数和地点：吴县第一、上海第二、无锡第三、江宁第四、江都第五、清河第六、铜山第七、灌云第八、南通私立代用、女子师范。（乙）中学校。规定校数和地点：江宁第一、吴县第二、华亭第三、太仓第四、武进第五、丹徒第六、南通第七、江都第八、清河第九、铜山第十、东海第十一。（丙）农业学校。分设各地。甲种（中等）农业学校：江宁第一、吴县第二、清河第三。吴淞设水产学校，浒墅关设女子蚕桑学校。（丁）工业学校：江宁第一工业学校机械科、电机科；苏州第二工业学校纺织科、色染科、土木科。（戊）商业学校设上海。至于大学校，原设高等师范学校，由中央任费和管理（不久改为东南大学）。派遣国外留学，由中央任费。省用竞试法，岁一举行，定期责留学生以报告。此外图书馆、博物馆、通俗教育讲演团，唯力是视。省教育费向定岁额二百四十万元，暂不增减，节约使用，五年之内，以此为限。1914年我辞职以后，一切未改旧规。到1927年蒋介石政权成立，将此计划完全打破。

职业教育的前身——实用教育 我和六员省视学各师范学校校长相互地调查研究，发现小学校学生很大的弱点：尽管学习过算术，但是权度在前不会用。尽管学习过理科，略知植物科名，但是庭有草不识它是什么草，家具的木材，不识它是什么木。应该觉悟到图画最好是写生，对花画花，对鸟画鸟，如果所用的教材和教法不能让它应用于实际的生活，有什么效果？根据这怀疑的基础，首先写一篇《学校教育采用实用主义的商榷》，后又写《小学校实用主义表解》，再和杨保恒合写《实用主义小学教育法》。于是，实用语文呀，算学呀，纷纷出版。不久具体化为职业教育。

去职了，我计划搞什么呢？我虽去行政职，江苏省教育会常任调查干事，职名还在。我要向各地去看社会情况、教育情况。这种教育，既然不实无用，我要调查各地中学毕业生的出路，要用江苏教育会名义向全省调查。旅费何出呢？商之《申报》，扩大旅行范围，游览山川名胜，考察民生疾苦，以“旅行记者抱一”名义写稿按期发表于《申报》；商之商务印书馆教育杂志社，所有教育情况和评判，按期发表于《教育杂志》。

皖省署的一席餐 首先访问邻省安徽。省长召宴，陪客都是省署司长，以为我对江苏教育行政有些计划、有些设施，殷殷垂问，且食且谈。忽然发现一种不统一现象，每人座后直立一“侍从”，独我没有。省长见无人替我添饭，叫他的“侍从”代劳。饭罢，又发现一种更不统一现象，大家的“侍从”端出一漱口盅来给主人漱口，——这是官场一般大官的风习——我更没有。

长江下游一般情况 自芜湖至九江沿江各县，无不有我的足迹。芜湖之米，九江、皖南之茶，铜官山之铜，景德之磁，都是我调查的对象。对安徽省财政、学务，江西省教育行政和南浔铁路现状，也有所了解。看到沿江城镇销售美孚煤油和胜家缝纫机的广告，感觉洋商倾销货品无孔不入，认为这是吸收我内地金钱的两大势力，特写《美孚与胜家》的通讯，唤起人民的省悟。此外，在《水哉水哉》一篇通讯里，就长江下游水利问题，报道了情况和意见。

最瘠地调查记 东流为皖省六十县的最瘠地，去安庆八十里。全县人口七八万，有的乡五六里内无人烟。城有五门，北门不启五十年，由于居民迷信开此门地方必杀人。有高等小学一所，不收学、膳、宿费，学生仅得三十余人。城内只一旅店，有旅客姓“欧阳”，写为“殴阳”，从无人认为错误。田无沟洫，常患水、旱、虫灾，丰岁一年所获，不足供居民四个月的食。

婺源一带好风俗 也有使人满意的县。徽州婺源一带农产林产皆足自给，居民勤劳俭朴，无茶肆、酒肆、赌场。村民聚族而居，相传弃物于地，无人拾取。

芒鞋竹杖上黄山 从前徐霞客遍游海内名山独叹为观止的黄山，由于交通阻绝，近年游客稀少，老僧谓年不过数起。山高寒，杜鹃山下三月谢，山顶5月尚含苞。有三十六峰，有些失了峰名，天都、莲花两峰为之冠，风景幽深古峭，奇松怪石，触目皆是。九龙潭上，大瀑下悬。我自屯溪穿芒鞋，执竹杖登山，盘桓七日。宿紫云庵、文殊院、狮子林，浴于汤泉，上莲花峰，穿鳌鱼洞，度天海，览始信峰。察得山产朱砂，在化学上名汞硫。又产龙须草肥且长，并有奇葩名药等宝藏，惜无人采以供用。商务印书馆派摄影师随行，摄得风景若干片，贴集成册，不料后来成为很好的纪念品。1959年4月，检赠曾于1931年后在黄山下长期搞地下工作的中国共产党浙江省委统战部长余纪一同志。

初游庐山 自九江南行二十五里，抵庐山麓莲花洞，再上十八里达牯岭。庐山风景博大雄奇，牯岭旁有隙地，两山环抱，泉水甘美，英、美、德、法、意、挪、日、俄八国侨民租地建屋避暑，界内税收、道路工程、卫生、警政等事，我国政府竟无权过问，讲不到国家土地、主权。我宿牯岭，忽见对门楼窗里一人频频地探望我，第二天还是不断地探望。我把他找来，他说是江西省长戚扬派来侦察的。我恰与戚扬很熟，发电询问，戚复这是招摇撞骗，叫捆缚解省。来人又推说是北京派来的。我说，你知道吧，现在是民国了，北京哪个政府有权派你来干这勾当！胡说！不管怎样，先把你解送戚省长。来人发了慌，跪地求饶，我严加训责，说这次饶你吧，抱头鼠窜而去。这是我第一次碰到的“假特务”。

奇秀的雁荡山　我好旅行，更好游山。1914年到过黄山、庐山，在以后的年代里，东上泰山，西登峨眉、青城，我的游迹所及，唯对华山、雁荡山印象最深。1934年4月，雨中游雁荡四天。前人谓天下奇秀，无逾此山。山去浙江乐清县九十里，奇峰百有二，最高峰为百冈尖，海拔3593尺。山巅有湖，多水草，雁荡因此得名。同游一位六十五龄老人，自天柱峰顶用长绳自縋而下，采得绝壁幽兰见赠，我在记游诗中得“长绳蜿蜒吾度之，七百五十尺有奇，观者颜汗惊淋漓”之句，原诗载《苞桑集》。

华山行，识字法　1935年5月登华山，晨发华阴，三峰插云，望影心悸。从玉泉道院行二十里达青柯坪，过千尺㠉、百尺峡、擦耳崖，等等，遍历北峰、中峰、东峰至南峰，四山云起，大雨将来，便歇下。招轿夫、挑夫六人谈话，知道他们中四人姓李，二人姓郭，除李焕荣外，余皆不识字。一一问他们的姓名、年龄、住址、家庭出身，抽不抽鸦片，现在做什么，把问话、答话分写两个字条，逐句、逐字教他们识。从晚上到明早，他们居然能认、能读了，快活得像拾着黄金一样，要求在他们那儿开办一个学校，教他们多识字。我再和他们讲讲外国人用外国货骗掉我们雪白的银子，国家越弄越穷，外国人反而用银子买枪炮来打我们。他们当中有一位听了抢前说："那么以后我们中国人一定要用中国货。"我和他们临别时，一种依依不舍的神情，真使人万分感动。回省告省主席邵力子，终于在这些"目不识丁"的乡村苦力的住处"上洞儿"，成立了一所小学校。邵在陕西做了些好事，人称"邵先生"，不称"邵主席"。

方言　我从陕西东返，在华阴车站购票去郑州，给我陕州车票，为的是当地方言读郑清音（音若真），而我乡读浊音（音若慎），一转为齿音（读成审），听者误为"陕"，给我陕州票了。广东话与上海话绝不同，独对于"五"与"鱼"都读成鼻音，"二"与"日"都读成舌上音，则又说明民族来源的同一。有一次我去琼州，招待席上语言都不通，独一人说中州语。闻由于苏东坡为儋州太守时，带来中州人，说中州语，传播至今，听来易懂。

西湖三十五回游　我初游西湖，时在1906年6月，五十七年来，共去过三十五次。新中国成立以后，西湖成为人民的西湖了。过去曾写过西湖景物的诗篇，有几件事，值得回忆对比一下。

雷峰塔与孙传芳　雷峰夕照为西湖十景之一，塔在南屏山麓，相传建于吴越王时代。1924年9月22日下午一时四十分，塔忽塌毁，当时恰值军阀孙传芳率兵抵杭，浙人相传这是"不祥之兆”，浮言纷起。据苏堤管理员俞姓告我塔毁的真实原因是：西湖游人香客，迷信传说，掘取塔根砖块，带回家可压邪，并能赶走白蚁，掘取的人一天天多起来，根基自塌。湖上雷峰、保俶两塔，本来是南北对峙，保俶塔丧偶以来，瞬将几十寒暑了。

北高峰下日寇的罪行 有一次游西湖，在北高峰下，听一老农指告，在敌伪强占杭州时期，日本军阀不止一次地用卡车装来青年男女，先用刺刀一一刺破胸脯，再用硝镪水浇灌，号声震野。青年爱国的热血，洒在西子湖边，这是多么壮烈啊！日本军阀的罪行是多么残酷啊！

1963年的杭州 1963年春第三十五回游杭小休，欣看湖山依旧，景物一新。曾参观了西湖人民公社梅家坞生产大队，在茶厂看焙茶，啜尝“明前龙井”；参观了都锦生丝织厂、西湖香料厂；访问了延龄新村。新中国成立前无家可归的俞爱仙老大娘，在她的清雅整洁的家中和我们作了亲切的谈话，她激动地说：“党和政府‘木佬佬’关心群众呀！”我亲眼看到解放以来，杭州市工农业生产、人民生活等方面种种蓬勃气象。美丽多姿的杭州，今天不只是一个风景区，已蔚成一个现代化的工业城市了！（“木佬佬”是杭州土语，等于“很”、“非常”。）

1915年游美 美洲巴拿马运河开通，举行博览会，我国以1910年（清宣统二年）曾开南洋劝业会，美国商团来华参观，至是组织游美实业团去报聘，团长张振勋、副团长聂其杰邀我担任编辑报告。1915年4月启程，往返三个月，游遍全美。曾见美总统威尔逊，也曾参观博览会，一切写入正式报告。这里特别提出四点。

安迪生的播音器 6月8日到纽约，青年会总干事穆德对我说：有位老科学家安迪生要求你去看他一下。我为求知欲驱使，就去纽约郊外西橘村，这里是一个电机厂，制造种种新发明事物。老科学家安迪生告诉我："我老了，没有别的希望，只希望允许我把这座电机厂，带到地下去，让我继续有所贡献。黄先生！我知道你是上海有名的人，上海是大都市，现有一种新发明的播音器，请你完全用上海话，向着这播音器说，不到几分钟，就会照你的话放出来。如果上海也有这样的播音器，双方通了电，上海人会同样地听到你这篇话。"我答应了他的请求，坐下来，对着播音器的喇叭口说："中国是东方大国，美国是西方大国，两国人民如果同心同意采取和平手段，互相帮助，我相信大家一定走上幸福的道路。上海是中国大商埠，纽约是美国大商埠，我愿代表中国人民提出这点希望，和敬爱的大科学家安迪生先生在这里握一次手，祝先生长寿！"说毕，不几分钟，同样的方言和声调放出来了。

傅兰雅热心盲童教育 在旧金山街道电车上我于人丛中偶然开一声口，一位老翁挤上来向我握手，用中国语表示欢迎，说：有事奉商，欢迎先生到我家谈谈。随老人去，自称名"傅兰雅"，在中国担任翻译物理化学书几十年了，我回忆到他就是上海制造局老辈翻译"格致"书籍的。——那时不称理化，称"格致"，我初学还读他所译书的。老人说："我几十年生活，全靠中国人民养我。我必须想一办法报答中国人民。我看，中国学校一种一种都办起来了。有一种残废的人最苦，中国还没有这种学校，就是盲童学校，因此预命我儿子学习盲童教育，已毕业了，先生能否帮助我带他到中国去，办一盲童学校？”一席谈使我大感动。后来我帮助他在上海曹家渡办成一盲童学校，傅兰雅的儿子取名傅步兰为校长，教盲童习字、手工，如制藤椅、织毛巾等。后来日寇一度陷上海，傅步兰回国。现校归公立。

从美国南望古巴岛　在美国经历省区及特别区二十八，游历有名的地点二十七，西从旧金山登陆，东至波士顿，北至布法罗，曾入加拿大境观尼亚加拉瀑布，南抵路易斯安那州最南之海埠新奥尔良，美国最大的密西西比河自此出海，在海滨东南望，群岛连绵，其中最大的一个就是古巴岛。

美帝虐待黑人　少年时看到一本《黑奴吁天录》，脑海里留下黑人受虐待的深刻印象，在美国亲眼目睹了。记得有一次招待员导登纽约一所六层大楼，这是一群美国社会上层人士吃吃玩玩的地方，看不见有一个黑人在内，白人厕所不许黑人进入。到了大楼的最高层，才看见许多黑人在那儿。问招待员，他诬蔑地答应：“黑人没有知识，怕底层屋塌被压死，把他们安放在最高层要安心些。”旅途中，看见白人与黑人总是隔开的，互不理睬。哪知道生活极端困苦，处在白种人资本家残酷剥削之下的黑人，不到五十年，站了起来，反对种族歧视，反对垄断资本家对他们压迫的斗争蓬勃兴起。毛主席1963年8月8日呼吁世界人民联合起来反对美国帝国主义的种族歧视，支持美国黑人反对种族歧视的斗争的声明，鼓舞世界上每一个角落被压迫的民族和人民。我也深信，在全世界百分之九十以上的人民支持下，美国黑人的正义斗争是一定胜利的。万恶的殖民主义、帝国主义制度是随着奴役和贩卖黑人而兴盛起来的，它也必将随着黑色人种的彻底解放而告终。

海外游迹 我1903年亡命日本，1915年游美，六十年来出国多次，还到过朝鲜、蒙古、菲律宾、婆罗洲、爪哇（今印度尼西亚）、马来亚、新加坡、越南、暹罗（今泰国）、缅甸，有的一二至，也有三至以上的，旅行中所见所闻，一一纳入诗集、游记，或写专册，这里只提几件事。

素食的由来 1917年6月游新加坡海滨，亲眼看到捕鱼人出海归来，船上满载活鱼，渔夫一一将鱼破腹，挖掉心脏，投入另一空船，鱼儿跳跃几次才死去，人类为了果腹，这样地残杀生物，使我感触很深，立下了素食的志愿。当时我的爱人王纠思关心我的健康，请上海两位名医为我检查，认为素食对我的身体并无害处，就开始素食，曾先后作《不忍歌》、《素食答客问》。我之所以能坚持素食几十年，一由于成了习惯，不易改变，二由于医生认为素食好，可以减少病患。两次动大手术，都由医生认为血液较清，胆固醇一般占56%以上，而我只44%，所以动手术保证无害，因此更增加了我素食的信念。

泗水讲华侨教育 1917年在南洋各地考察教育，了解到不少情况，曾在爪哇泗水招六十二埠六十六个华侨学校校长教员七十八人，集中听我作有关华侨教育的报告三天。这次旅行，为1918年在上海开办暨南学校（后来称暨南大学）招收华侨学生，进行高等教育，打下基础。

意外的艰阻、意外的机会 1918年4月再游南洋，我从巴达维亚（今雅加达）上岸，引起了荷兰殖民主义者的注意，荷官竟把我捆起来，胸前挂一很大的“6”字，照了相，驱令回船。我问，为什么？这“6”字为什么？荷官说：你们是革命党，孙文第一号，你是第六号。我说：哪有工夫革你们荷兰的命！荷官说：你倒好辩，快快！去！在轮船上遇到前年在泗水听我作报告的黄奕住，他告诉我：有一笔钱想回国办一个银行，苦于找不到内行，请我帮忙。我说：我是办学校的，我为你介绍一位朋友吧，就介绍史量才。史量才一面自己投资，一面介绍胡笔江给他，这就是中南银行成立的缘起。

暹人崇拜诸葛亮 1921年在暹罗（今泰国）曼谷和土人谈，暹人对诸葛亮很崇拜，以《三国演义》诸葛亮舌战群儒段译为暹语，作儿童读物。

越南山上长桥 1923年经滇越铁路入越南，车上望见山岭高处有积水塘，出海面1800米，长桥如虹，跨过深谷，闻施工时，许多工程师束手无策，后有一女子制图应征，桥乃落成。

英雄的朝鲜志士 1931年3月，我第三次游朝鲜，登汉城明月楼，月夜歌舞，有人告诉我一故事：1919年，朝鲜一群爱国者集明月楼，写朝鲜独立宣言，写成，给日警查知，围搜明月楼，志士在电话中自报姓名，一律被捕，为国牺牲。我闻之大感动，题壁一诗：

汉江三月春如沐，楼头故事我闻哭。
一电当年志士名，五云今夜佳人服。
君起舞，我作歌。
歌成月色一天白，照彻血花涌逝波。

歌者名珊瑚珠，殷切地向我索诗，即赠：

红是珊瑚白是珠，歌场识曲惨何如。
廿年海外虬髯客，他日重逢建国初。

实用教育具体化为职业教育　1917年立社，1918年办校

我在担任江苏省教育会常任调查干事时，每年调查江苏省各中学毕业生，只有少数能升学，大多数需要就业，但又苦于就业不了，这是经过年年公布的统计数字证明的。同时，我们一群人觉悟到“君子劳心，小人劳力”这是充满了社会毒素的话，因此，想在“使无业者有业，使有业者乐业”上面做些工作，提出了教育与生活、生活与劳动不应脱节的主张。在发起“中华职业教育社”的宣言里，说明了这些情况；作的社歌，开头就是：“唯先劳而后食兮，嗟我人群之天职。”南北老辈名流蔡元培、马良、严修、伍廷芳、张元济等和教育、实业界不少人士都同意在发起宣言上签名。我们当时还有一个基本思想，就是觉悟到帝国主义国家经济侵略势力，深入国内各地，贻毒无穷，必须抵抗。如何抵抗？从倡办国货工厂入手。所以，在社成立以后，就立即计划办一个职业学校，附设各种工场，一面作为推广职业教育的实践场所，一面从事增加国货生产，抵制外货。当时有人认为这样的学校只好动员别人办，自己办费钱吃力，不容易办好，何必做傻事。社不顾一切，在1918年，把“中华职业学校”在上海南市陆家浜办起来了。

中华职业学校设木工、铁工、珐琅、纽扣四科，附设机器、木工、珐琅、纽扣等工场，后来又添设土木、留法勤工俭学、染织师范、商业等科。木工与铁工属于基本技能教育，也是发展一般工业的基本因素。同时从江苏省教育会收集的四十年来的海关贸易册看出，珐琅与纽扣这两种舶来品，进口数量激增，但实际上都还不难在国内生产，从事抵制，因此，想从这上边做个国货制造的先导。后来珐琅与纽扣这两种国货，到底抵制住了外货，尤其是珐琅业，上海这类工厂数大增，大都有职校毕业生参加在内。职校珐琅工场与机械工场也先后发展成“中华珐琅厂”和“中华铁工厂”了。

中华职业教育社的设立，恰巧在1917年俄国十月革命胜利的那一年。但是，应该指出，那时我们并未认识到马克思列宁主义的真理。虽然，在教室工场中悬有“劳工神圣”大字匾；校徽和工场产品商标上，都以双手为标志，提倡“双手万能”，每逢五一国际劳动节，工人学生放假集会，纪念这个节日，但哪能说我们已经了解无产阶级社会主义革命的伟大学说呢！

社校经费从哪里来 办社、办校、买机器、造房子需要经费。钱从哪里来呢？向政府要，忙于内战，忙于借外债，无力顾及，也不愿顾及。向社会募，只有少数人如聂云台、徐静仁、穆恕再、藕初兄弟、刘柏生等，乐于帮助一些。我到南洋新加坡，由林义顺介绍认识华侨领袖之一陈嘉庚，一席倾谈之下，他表示愿从1917年起连续五年捐赠社一笔资金，每年一千元，菲律宾华侨也有趸数的捐款。这些热心人士在物质上给社帮助，在精神上给社鼓舞。当时办工厂是常常赔本的，加之社校经费不宽裕，负债累累，有人建议发行学校公债十万元，定期还本付息。但是，债券上如果没有在社会上信用很好的人署名，表示负责，各债户将不肯受抵。上海中国银行经理宋汉章，因袁世凯搞帝制，勒令中、交银行钞票停兑，他拒不受命，信誉大好。我请他出面在校债上署名，他说：学校的账靠不住，除非让我去查账，一点不错误。我立即答应。第二天清早，宋果然到校，费了半天时间，校账查完了，问他有错误么？答没有。拿出校债样张来，"宋汉章"三字写上了。从此债券有人承受，这才使学校和工厂经费问题解决，信誉坚固，可以逐步扩充起来。

日本工业教育家的话　1917年游日本，参观东京高等工业学校，校长手岛精一年七十多岁了。我和他相识，始于1903年亡命日本时。他知道我提倡职业教育，很殷勤地招我到他家里，对我说："你们中国现在提倡职业教育很好。我们日本只知道为资产阶级帮助殖产的实业教育，哪里顾得到为劳动人民解决生计问题的职业教育呀！我老了，你们好好去干，将来大家总有觉悟的一天的。"

徐公桥乡村改进工作　1926年秋，中华职业教育社与国立东南大学农科、中华教育改进社、中华平民教育促进会合组江苏昆山徐公桥乡村改进试验区，参加这个工作的还有地方人士蔡氏兄弟等。1927年后，其他单位退出，1933年期满，交回地方自办。这项工作开始从派遣一位教员、一位医生下乡发放无利贷款、施诊给药入手。此后，在联系农村群众和教育、筑路、公共卫生、医疗救助、文娱活动等方面做了不少工作。遇到天灾欠收，农民无力付租、偿还贷款的时候，地主自动地减租，债主同意延期还款，农民称便。“一二八”、“八一三”抗日战役，由于乡村民众过去受到爱国教育，有不少人在抗敌当中壮烈牺牲。1927年、1928年初办时，我两赴徐公桥，故作不认识，遇到村里老大娘问，新年在“无逸堂”（村内公共礼堂）演戏为什么？答：乡村改进会不许大家新年赌钱，“所以请大家看戏”。又问，改进会的人干些什么？他们自己赌钱吗？答：他们不赌钱，他们是做好事，劝大家做好人。村里学校教员、改进会干事帮助群众打扫道路，协作清洁卫生工作，给群众留下很好的印象。徐公桥区试验工作略有成效，附近地方如江苏镇江县黄墟镇、吴县善人桥、浙江长兴县渡口镇、余杭县诸家桥等，均由政府或地方人士委托社代办乡村改进工作。徐公桥区交出后，移转人力物力，再度在上海近郊的赵家塘试验，名为沪郊农村试验区，也取得一定的成效。此外，社的农村服务部附设“中华农具推行所”，代机器工厂推销试验研究确有成效的各种新农具，并予以制造改良的帮助，代农民购制试验确有成效的新农具，并予以经济上、转运上、装配上、使用上、修理上种种助力。今天看来，社的这些做法只能说是改良主义的尝试。

五四运动简况 1919年5月4日，北京各校学生五千余人，闻“巴黎和会”我国外交失败，举行示威运动，反对二十一条，要求罢斥曹汝霖、陆宗舆、章宗祥，并将章宗祥殴伤，学生被捕千余人，旋宣告一律罢课，全国工人、学生、工商界响应，罢工、罢课、罢市，形成一个有无产阶级、城市小资产阶级、民族资产阶级参加的反对帝国主义、打倒卖国贼的群众性的爱国运动，影响政治、文化极大。

反对杜威的实用主义 “五四”运动后，当全国各地工人、学生和工商界联合热烈反抗帝国主义的时候，在1920年忽然来了一个美国号称哲学博士杜威，提倡实用主义教育。教育界崇美派要求江苏省教育会给他一个机会，让他公开演讲一次。那天当众演讲了。杜威演讲大意：劝告学生专心在校攻读，但求于实际有用，至于政治，让政府负责，学生勿与闻。这就是实用主义教育。讲毕，我上台演讲：我们所主张的实用主义教育，已具体化为职业教育了。请看中华职业学校，学生上课，同时参加劳动。“劳工神圣”、“双手万能”，是我校主要的标语。我校制造国货，抵制日货。学生毕了业，于国家有很大的贡献，还大大提高了青年爱国热忱，岂不更切实有用。一场激辩，到底崇美派居绝少数。杜威的学说，无法得逞。但仍有一部分人以胡适为首，带着杜威的学说和精神，到北京活动，不久也就烟消云散了。

北京专访李大钊 1921年，闻中国共产党将在上海成立，中华职业教育社同事沈肃文劝我想法去联络一下。我们听说南方有陈独秀，北方有李大钊；我和他们都相熟，陈常来我处，但不想和他谈。我就专程到北京访李大钊畅谈，就国内、国际大局前途的看法，交换意见，次谈怎么做法。大钊说：我们的看法大致相同，主要是唤起民众。只是在做法上，你们重教育，我们教育外还重组织，我们密切联系罢。那时我正主编一本《申报》纪念刊《最近之五十年》（原书于1961年8月捐赠中国革命博物馆），大钊写投一文：《1871年的巴黎"康妙恩"》（按即巴黎公社），暗示革命需要人民武装。后来从刊物"评论之评论"上发现大钊文题为：《中国的社会主义与世界的资本主义》结论露骨地说："今日的中国，非由无产者组织政府，来铲除国内的掠夺阶级，抵抗世界的资本主义，然后依社会主义的组织经营不可。"我才知道大钊所说的组织指此。不久大钊成仁了。那时我还没有认识毛主席，没有知道毛主席早在1919年6月就说过了"救中国的根本方法是民众的大联合"（《红旗》1961年第11期李维汉文）。

人文社与鸿英图书馆 人文社原名"甲子社"，1924年（甲子年）7月成立，成员有张一麐、沈恩孚、史量才、马士杰等。1925年3月，租赁上海南京西路1717号设人文类辑部，从事政治、经济、文化学术资料的收集分类审比工作。1929年3月，兼辑杂志日报要目索引，1930年1月，更编辑发行《人文月刊》及丛书。1931年改称"人文社"。资本家叶鸿英来参观说：这样丰富的图书资料，估计价值，何止五十万元，我来捐赠五十万元罢！遂改馆名为"鸿英图书馆"。将这款作为鸿英图书馆基金，在淮海西路1413号设处筹备。1935年2月止，共藏有书籍64802

册，图表219幅，杂件400件，报纸49种（1924年以来大抵完全）；选辑各报史料1053216件，杂志日报要目索引152489片。详见《一甲记》。

人文社有一位敢于同旧礼教作斗争的女性工作人员。她是前清珍妃的侄女，十八岁时，为了抗拒进宫习礼仪候选为嫔妃的恶习，与一位新闻记者结合，背离家庭出走上海。乃夫在广州，为特务从卧榻下搜出大量革命宣传品，被捕，经伍廷芳驰电营救，由于名字一字之误，再电更正，电达，已被杀。她孑然无所归，经人介绍，来人文社工作，颇称职。后来另找对象结婚，同居安业以迄于今。

“五卅”运动发生　1925年5月30日，上海学生群众在南京路上游行演讲，高呼“打倒帝国主义”、“全中国人民团结起来”等口号，支援为日商纱厂工人顾正红被日人枪杀而罢工的工人，抗议因此捕捉学生。公共租界老闸巡捕房英捕头爱活生下令对游行演讲的男女青年学生队伍开枪射击，当场死九人，重伤十五人。事后捕房公布戒严，禁止结队游行。这一惨案，激怒了爱国的上海市民，在中国共产党领导下，首先结成坚强的反帝统一战线，实行罢工、罢课、罢市。南京路上陆续有开枪杀伤行人和拘捕多人的事故发生。外舰陆战队及西商团团员携大炮机枪分防据守，时常发生冲突。英兵且攻入新世界游艺场内，用机枪扫射街头群众，形势更为紧张，全国各地掀起了声援沪案的群众性反帝运动。北洋政府派员南下交涉。在交涉过程中，上海总工会、学生联合会、各马路商界联合会共同组织的“工商学联合会”与买办资产阶级组织起来的以上海总商会为代表的“五卅惨案联合会”，曾就交涉条件的内容，展开了争论，这实质上也是一场阶级斗争。“工商学联合会”曾被北洋军阀的戒严司令部查封。6月24日，公共租界商店由北洋政府官吏及总商会劝告，“忍辱开市”，各厂工人仍坚持罢工。

“五卅”运动是一个全国人民的反帝国主义运动，起源于日商纱厂罢工，众所周知，惨案是由英帝国主义者下令开枪引起的。从“五卅”凶手自己的供状，还看出美帝国主义者也参加了血腥镇压。一个亲自指挥屠杀中国人民的上海万国商团（帝国主义在上海的反动武装）的美国籍团员洛梨·史密斯在“五卅”运动发生后两星期，给芝加哥的一个朋友写的信里说：“排枪声起，顿时就有八个人吃了枪子……门上溅的血有八英尺高，路上因为流血过多，渐渐地泞滑起来。……我们的铁甲汽车开足了马力直往人堆里冲去。……当时就压死了两个人。”“这些污秽的恶魔时时刻刻都应当用现今屠杀的手段对付他们。”这是多么血淋淋的一份海盗的自供状啊！（参阅1963年5月30日《人民日报》方孔木：《请看“五卅”凶手的供状》）

上海人民1874年以来反帝爱国斗争的回忆 上海是帝国主义侵略势力最猖狂的地方，居住上海的宁波籍市民远在1874年（清同治十三年）就曾为了四明公所一案掀起过一场反对法帝国主义的斗争，这应是反帝爱国斗争的创举。那年5月，法租界捕房巡捕曾向反抗拆迁四明公所冢地开辟马路的宁波群众开枪，死七人，伤十九人，拘捕八十三人。惨案发生，激起了全市宁波人的怒火，引起罢市罢工，包围法租界公董局，火焚公馆马路住房四十多间等事。交涉结果，法帝国主义答应抚恤死伤人民，四明公所永归宁波董事经管，公所土地内永不得筑路、开沟、造房、种植、有损葬棺等条款，勒石立碑，留作根据。这场斗争可算胜利告终。后来在1898年（清光绪二十四年），又为了群众抗拒法租界公董局征收四明公所地产税及征用公所全部房屋设立医院学校，发生了法兵登陆，占领四明公所，杀伤市民群众多人的惨案。全市人民为了表示义愤，罢工罢市声援，案经中法政府交涉，拖延两年，才告结束。1905年，鄱阳轮船乘客广东籍官眷携带仆婢被诬串拐羁押，公共租界会审公廨华会审官被辱和巡捕殴打廨役一案，引起了群众包围巡捕房，巡捕开枪死伤多人，被捕五百多人的事故。后来全市商店罢市，全租界华捕罢岗，情形严重，后经往返交涉，取得了赔偿、惩凶、道歉等胜利条件，才开市复岗。

上海市民和全国人民一道，在历届抵制帝国主义国家进口货的运动中，特别是抵制日货运动中，有非常热烈的表现。根据我手头的材料，以下六起是比较广泛展开的。

（1）1915年（民国四年），全国人民反对北洋政府接受日帝国主义提出的丧权辱国的“二十一条”，把5月9日定为国耻纪念日，对日实行经济绝交，抵制日货。

（2）1919年（民国八年），响应“五四”运动，罢工罢市罢课，抵制日货。

（3）1923年（民国十二年），为了收回旅大运动，抵制日货。

（4）1925年（民国十四年），“五卅”运动，罢工罢市罢课，抵制英货日货，上海总商会组织提倡国货会。

（5）1931年（民国二十年），为了万宝山惨案，各界人民，开展反日援侨运动。后来“九一八”事变爆发，扩展为抗日救国运动。1932年1月，上海市政府屈从日人要挟，解散抗日会，“一·二八”事变发生。在这期间，抵制日货运动高涨。

（6）1937年（民国二十六年），上海各界人民从事抗敌后援工作，对日经济绝交，抵制日货。

受到国民党迫害，大连闲辑《杜诗尤》，得奇遇 1927年蒋介石占领了长江流域以南，在南京成立了国民党的“国民政府”，开始排除异己，我被视为“学阀”，下令通缉。江苏省教育会被撤销，江苏教育经费管理处被封闭。私立浦东中学校被改组（后日寇入侵，据为巢穴，已受爱国教育的四乡民众奋起驱逐，校被毁灭）。中华职业教育社被捣毁，迫令社工作人员签名于预写的“黄炎培反动证明书”，没有一人肯从，则全部被驱登大车，逐出郊外。还想接收中华职业学校和工厂，以手枪威胁，全体教员、学生、工人坚决抗拒，高呼“这是我们的学校，这是我们的工厂，谁来接收，向谁拼命”！暴徒们才散去。这些机构都是我负责的。蒋介石手下一位和我不相识的青年，深夜叩我家的门，说：“将暗杀五人，中间一人是章太炎，一人是黄先生。快走！快走！天明就太危险了。”我和爱人王纠思星夜离家躲藏亲戚家。天明购西伯利亚通车旅行票，准备从上海出发去苏联，临时被阻，改去大连。那时大连为日本占领。我住在一个狭小的旅馆里，在日本特工窥伺下，长日读书于日本关东军经营的铁道图书馆。这样的生活，约略过了半年。我行李中带了两部杜甫诗，舟车泛览以自遣。至此，更依靠图书馆所藏各本杜诗，随读随选。天天清早手抄，产生了一本《杜诗允》。一天，忽有人从隔壁开着的窗洞中，伸出头来，叫我“黄先生”。这人还走进我的卧室，紧紧地握我手，说：“对不起！对不起！我是日本特工，奉命来监视先生的。先生读书写字这样认真，生活这样严肃清苦，今后我决不受残暴的日本使命，本我良心，做先生的警卫，切切实实地保护先生。先生！我本是小学教员，困于生活，受日本这笔费，我现积有几文钱，从此为先生服务。”说到末了，几乎下跪。我大大地称赞他用理智来放下屠刀。从此他的确对我很好，到最后离开大连时，是他替我买船票，送到船头，依依惜别。

第四时期（1931—1949年）

蒋介石对日本侵略不抵抗 1931年归自大连，蒋介石托我的同学邵力子邀我到南京谈话。蒋要我搬到南京住，我没有答应，表示我正想到东北和日本去看看。他希望我归来相见。在日本看到大办青年团，在乡军人很活跃，反华备战的气氛很浓。买到三本暴露日本军阀计划侵华的书。又回忆起前一次在日本会见现已去世的东京高工校长手岛精一时，他对我大哭，说他担心日本青年军人侵略野心如得逞，将使中日双方受害无穷。我4月24日回国，脑海里充满着日本必将侵华的预感，东奔西走，与人言，辄不省。5月去南京，面告蒋介石，并给在日本购得的三本书。蒋默不作声，请我转告外交部长王正廷。见王后，王大笑，说："如果黄任之知道日本要打我，日本还不打我哩！如果日本真要打我，黄任之不会知道的。”我说：很好！我但幸吾言不中。于此，可见当时“国民政府”的权要们是多么颟顸糊涂啊！同年9月，东北日寇侵略爆发，我与朱子桥等组织的抗日救国研究会，推我和江问渔去南京诘问蒋介石和外交当局为何不抗敌。翌日至外交部，时学生抗日请愿团到部大吵，捣毁器物，王正廷适与我们谈话，群众拥入殴打王正廷，王负伤。我在日记上记着：应该！应该！

至于蒋介石对日本的侵略，则是蓄谋坚持不抵抗政策的。早在1927年10月，蒋介石溜到日本，同田中义一内阁，搞了一次不可告人的政治交易，即双方“谅解”：“日本承认由反共反苏的国民党统一中国，中国（蒋介石）则承认日本东北的特殊地位。”（见万峰文：《九一八事变的前前后后》。载1961年9月17日《人民日报》。）1931年7月2日万宝山惨案起，后三日朝鲜各地排华大暴动起，9月18日，沈阳、长春等地于同一时间被日本占据了。种种事实证明蒋介石做到了六个大字：“无准备，不抵抗。”

上海市民地方维持会和上海市地方协会 1931年9月18日，日本帝国主义侵犯我国神圣领土的阴谋大暴露。我和上海市具有爱国反帝热忱的朋友三十五人，商议组织抗日救国研究会，以宁波同乡会为机关，约定每日午后一时聚会。翌年1月28日淞沪战事爆发，我和各界代表性人物，为了支援前线军需供应，维持地方秩序和市面金融，发起成立了上海市民地方维持会。在前，我们早与十九路军负责人蒋光鼐、蔡廷锴取得联络，对军需供应贡献了力量。地方维持会成立以后，我们活动的范围更为广泛。职教社办的《生活周刊》改为日刊，通过它和报纸向各界征募军需品，供应前方。后来张治中率领第五军开到前方，也与我们取得了联络。有一位广西友好许克诚每晚为我们亲身押运供应品，穿过火线，运到在前方作战的部队，由我的汽车司机朱阿四冒险开车。在淞沪战事期间，从未间断一天，也未出过什么事故，说明爱国心情激动起来了的任何人，是都可以发挥力量的。1932年上海市民地方维持会改组为上海市地方协会，1937年“八一三”淞沪抗战期间，在供应前方军事需要，战区救济、救护，推动国货工厂内迁以及慰劳、捐募等方面也做了一些工作。淞沪沦陷，上海市地方协会的对外活动只得停止。上海市民地方维持会和上海市地方协会在两次对日抗战中，虽曾号召上海各界人民，包括素为社会上所不齿的人，捐献物品金钱，参加工作；但现在我才知道，那时中共地下组织在领导组织群众抗敌救国等方面，做了大量的工作。

《申报》主人史量才之死　上海各界爱国人士组织上海市民地方维持会，拥护十九路军抗日作战，《申报》主人史量才被推为会长，已招蒋介石忌了。史量才雄心不已，又投资《新闻报》。我自1914年起即在申报馆任事，更与史在上海市民地方维持会共事。有一天，蒋召史和我去南京，谈话甚洽。临别，史握蒋手慷慨地说：你手握几十万大军，我有申、新两报几十万读者，你我合作还有什么问题！蒋立即变了脸色。此后蒋就叫陈果夫、陈立夫与申报馆多方为难，一度报纸被停邮，逼报馆撤几个人的职务，一是陶行知，另一人就是我。1934年11月13日，史被暴徒狙杀于杭州郊外自杭回上海途中。凶手传是军统特务戴笠训练的杭州警官学校特工人员。实际上如史量才这一群朋友，对爱国抗日思想热诚的高度怎样呢？说一个故事：1931年9月18日日军占领沈阳之夜，我从申报馆到史家。史正和一群朋友打牌。我说：电报到了，日本兵在沈阳开火了，沈阳完全被占了，牌不好打了。一人说：中国又不是黄任之独有的，要你一个人起劲！我大怒，一拳打牌桌中心，哭叫："你们甘心做亡国奴吗！"别人说：收场罢！

苏州狱中访问沈钧儒等　1937年"八一三"事变前，以沈钧儒为首的救国会负责人七人，被蒋介石逮捕，羁押于苏州候鞫讯，引起了广大爱国人士的抗议怒潮。我于这年端阳节日访沈钧儒、邹韬奋、李公朴、沙千里、史良等于苏州高等法院看守所，为他们在画册上题诗：

> 澒洞烟尘白日昏，端阳风雨扣圜门。
> 长城万里云千树，随意挥毫壮国魂。

后来蒋迫于众议，沈等全释。

两次去四川　我初次去四川，在1936年1月31日从上海启程，5月9日回上海；再一次是1938年6月28日从汉口启程，同行的有上海迁川工厂的朋友们和中华职业教育社、中华职业学校的工作人员，7月19日到重庆，1946年2月4日回上海。我在四川留居八年以上，占八十年岁月的十分之一，四川可算我的第二故乡了。平时一直很关心四川的情况，1963年6月25日读《人民日报》头条新闻，兴奋地看到我国商品粮较多的省份之一的四川省，由于广大干部和社员自觉支援国家建设和城市人民生活，超额完成夏粮和油菜籽征购任务。这说明四川地方人士在中国共产党的领导下，努力农业生产，成绩是伟大的。这就使我不能不回忆解放前旅行四川各地亲身看到的一些事实，写了出来，为的是希望大家想想过去，看看现在，对比一下，更好地努力将来，这岂止四川人民是这样。

“富、美、惨” 我1936年乘江轮过三峡入川，到过许多地方，看到秀丽的山川，美富的天产，多才的人物，殊异的风俗和人民的生活实况，概括地说来，关于物资方面是“富”，关于景物方面是“美”，关于人民生活方面是“惨”。当时，传闻宁南、会理一带老百姓穷苦到几乎不能活命。有一天去川西，路过简阳，见十二岁童子饿毙街旁。问市人，知他住居远方，无父母，叫饿四日而死，死两日了，尚无人掩埋。重庆《新蜀报》载：米价陡涨，居民无法谋生，偶沾小疾，医药无钱，只有束手待毙，每日路尸有二十余。这些现象，真是够惨的了。既“富”且“美”的四川，为什么会有这许多的“惨”象呢？原因之一是从1912年到1933年二十二年中间，打了四百七十九次仗，地方上受害甚大。述有一个原因，就是在有力者指挥之下，扩大了剥削行为，使富者愈富，贫者愈贫。怎样才能挽救四川当时的局面呢？曾根据当时的认识，写了《改造新四川管见》，载《蜀道》。

煤矿工人生活的今昔对比 1936年我由重庆去成都，过一煤矿，见矿工们肩挑背负煤块，出入矿洞。我从好奇心出发，随着下洞，发现无数矿工，面黄肌瘦，浑身污黑，在矿洞深处手工操作挖煤。洞内空气稀薄污浊，我的呼吸几乎窒塞，一刻不能忍耐，急急走出。以后，我见了煤炭，就联想到矿工生活的惨苦。当时，国内煤矿大都把持在帝国主义和官僚资产阶级手里，他们剥削压榨劳动人民，掠夺最大限度的利润。矿工们吃不饱、穿不暖，在极端恶劣的物质条件下，井上井下，从事笨重的体力劳动。健康和生命，受着严重的威胁，伤残老病，以至大批死亡，无人过问。

新中国成立后，在党的领导下，煤矿工人摆脱了被压迫、被剥削的地位，成为新中国的主人，为国家创造财富。党针对煤矿企业地下作业的特点，首先关心到矿工的井下生活，积极改善劳动条件，制定一系列的规章制度，采取一系列的方法措施。根据我从煤炭工业部了解到的资料：（1）在提高机械化程度、减轻体力劳动方面，用各种机械化方法采煤，代替“手刨镐”；提运煤炭用“绞车”，代替“背筐”；有些斜井，矿工上下井乘“人车”等等。（2）在安全生产、劳动保护方面，矿井内采用机械通风，代替“自然通风”，保证井下足够的风量和合适的温度；采用湿水凿岩，消灭“干打眼”，防“矽尘”和“煤尘”；供应各种劳动保护用具；采取防水、防火、防爆、防“冒顶”等安全技术措施；保证矿工在井下吃到热饭、喝到开水，等等。（3）在医疗卫生福利文化教育方面，十几年来，医院、疗养院、休养所、俱乐部、公共食堂、浴室、幼儿园、托儿所等设备，成倍地增加。特别值得注意的是矿工井下劳动的物质条件，一天天地改进和提高，在旧社会被称为“阳间地狱”的矿井，今天已经成为全部用“矿灯”照明，空气新鲜，轮轨四通八达，机械化程度提高的劳动场所。

阅1964年3月5日《人民日报》载：为了适应全国各地煤矿进一步提高矿工身体健康和改善矿工卫生保健、矿井劳动卫生条件等需要而建立的“中国第一个煤矿医学院在唐山成立了”。根据报道：“它除了培养医疗矿工一般内外科疾病的人才以外，更着重培养改善矿井下的矿工劳动卫生条件和治疗矿工职业病的人才。”

今昔对比，旧社会矿工的惨苦生活，一去不复返了！社会主义新中国矿工的生活是多么幸福啊！这应归功于中国共产党的正确而伟大的领导！

“民风”船上读马克思列宁传 我所认识，在专研一种学说之前，必先读这位专家的传记，了解他的毕生情况。1921年我在北京会见李大钊，但对马克思列宁主义还没有认识。1936年，乘民生公司的“民风”轮入川，在船上读了《马克思传》三本，《列宁传》一本，这才初步打下了我学习马克思列宁主义的一些基础。1954年读《资本论》，重温《共产党宣言》，写《马克思颂》以资纪念，入《红桑》。

哭韬奋 邹韬奋办《生活周刊》和生活书店，对国家，对人民、对抗日、对革命有贡献，昭昭在人耳目，我不多谈。1944年7月24日韬奋在上海去世了，光荣地成为中国共产党党员。1945年是韬奋去世一周年，7月我在延安，朋友们要我写一篇《韬奋逝世一周年哀词》留在那儿。临行前，边哭边写。写成了，载入《延安归来》小册子。结语有："虽然，死者已矣，凡我后死，忍忘天职之未酬！今日者，暴敌行将就歼，国事亦将就轨。胜利！胜利！民主！民主！君所大声疾呼者，虽不获见于生前，终将实现于身后。呜呼！韬奋，呜呼！韬奋，死而有知，其又何求。"1947年6月28日我在上海，当时国民党反动派暴行益露，写诗，题为《韬奋死三年了》：

> 我悲君死何太急，死时国耻不曾雪！君早死，三年了！君若生今时，不死于病，必死于淫威。淫威！淫威！何可以久长？四年史实，多么彰彰！怎样上场，怎样下场，君其安眠，晓钟当当。

职教社事业发展壮大起来 由于形势发展、社会力量和社内进步力量的推动，职教社的事业逐步发展壮大起来。首先是推行职业教育。1917年10月发行《教育与职业》月刊，连续出版三十多年，还编印不少有关职业教育专书，各种出版物前后统计有一百二十多种。办校方面，除自办上海、重庆中华职业学校、南京女子职业传习所、镇江女子职业学校、重庆、上海中华商业专科学校、上海比乐中学、四川灌县都江实用职业学校、昆明中华业余中学、中华小学外，还受实业界委托设计学校，或指定地点创办职业学校。各省参观团到上海参观职校回去以后，也纷纷委托设计办校。职业教育一时成为新的风尚。即在抗战期间，据教育部1943年统计，全国共有职业学校384所，学生67227人。其次，推行职业指导和职业补习教育。1927年设立上海职业指导所，指导并介绍青年学生就业，全国各地把这个工作逐渐重视起来。社办补习学校一天天增多，抗战期间，成都、昆明、重庆办事处，均各附设职业指导所、职业补习学校；上海中华职业补习学校就在租界里办了七个补习学校，学校所在地附近大小工厂、商店，几乎都有它的学生，一、四两校就各有学生四千多人。又其次，社办定期刊物除《教育与职业》月刊外，还有一种《生活周刊》，由邹韬奋主编，发行多达十万份以上。为了抗日，社与上海地方协会联合发行《国讯》，前后支撑了十多年，1948年4月8日，终于以“替共匪宣传”被迫停刊。社又和一些朋友合办《展望》周刊，新中国成立前夕被封，新中国成立后曾一度继续出版。

延安归来 1945年2月，褚辅成和我创议电延安：“鉴于国际国内一般情势，希望国共恢复商谈，促成团结。”复电愿商谈，还欢迎我们去延安。褚辅成和我同冷遹、左舜生、傅斯年、章伯钧7月1日飞延安，5日飞回重庆。在延安写了《延安五日记》。回到重庆，这人问，那人问，问这个，问那个。我决心倚仗我爱人姚维钧同志的执笔助我，写成小册《延安归来》。许多朋友说：这万万要不得，你替共产党宣传，太危险了。我只是用朴素的写真笔法，秉笔直记所见所闻和所交谈，绝对不加渲染，但一看就感觉到共产党完全为人民服务。写成付印，流传很广，特别是各地老辈和海外华侨，读了《延安归来》，了解到中国共产党这样可敬可爱，而并不是可怕。

日本投降了 1945年8月10日晚八时，重庆市上宣传日本投降了。一时远近欢呼，爆竹之声遍发。在我的日记上写着："自'七七'以来，八年又三十三天，自'九一八'以来，十四年不足三十八天。中间日寇残杀我国同胞，不知多多少少！万恶的军阀投两枚原子弹，牺牲无辜的日本人民，又不知多多少少！我个人呢，十四年来的心力，徒为抗敌救国耳！读杜少陵《闻官军收河南河北》诗，'剑外忽传收蓟北，初闻涕泪满衣裳'，感不绝心。"

中国民主建国会的发起 在写民主建国会的发起经过以前，先要谈一下我与中国民主同盟的关系。中国民主同盟的前身是中国民主政团同盟，创始于1940年年底，职教社是组成单位之一。我与民盟的关系是深切的，曾代表民盟参加政治协商会议。1946年1月26日上午，正出席政协纲领组第八次会议，突出非常变故，菁园住宅突遭蒋介石派宪警特务多人搜查，翻箱倒箧，并出枪威胁家人，禁打电话，激起群众对蒋介石反动派的愤怒。

民主建国会的成立，后于民盟五年。1945年8月21日即抗战胜利后十月，我与杨卫玉访胡厥文谈起组织问题，胡厥文正有同感，于是与有关方面有志参加的人士集议筹备，在四个月内，共举行筹备会议二十四次。在9月29日第七次筹备会上，商定名称为民主建国会；在11月29日第十九次会上，推出筹备干事十五人。综计参加筹备工作的先后共达二十多位同志。1945年12月26日，假座重庆白象街西南实业大厦召开成立大会，出席大会的有发起人一百三十四人，通过组织原则、章程、政纲及成立宣言，选举理监事四十四人。

从政治方面看民主建国会的发展，主要是从中间路线逐步走向“一边倒”。1948年，民建会响应中国共产党召开新政治协商会议的“五一”号召，这表明已发展到决心参加以中国共产党为领导的人民民主统一战线，为新民主主义革命和社会主义革命的完全胜利而斗争。1949年5月26日上海解放后二日，在各党派分工的问题上，周恩来总理约民建会在京同人谈话，指出民建会最好以团结教育民族工商业者为主要的政治任务。多年来，在党的领导下，会的组织发展了，会员人数增加了，会不断地帮助会员及其所联系的工商业者加强社会主义改造，积极为社会主义服务。

参加政治协商会议前后　抗战期间，我们在重庆的一群人，与中国共产党负责同志保持着经常的联系。1945年元旦，有我参加的六十四人发表了《转捩当前局势献言》，登在《国讯》及《新华日报》。嗣后，与中共方面的接触更加频繁，逐步提高了我对中国前途的认识。延安五日，益增我对中国共产党的敬仰。8月28日，毛泽东抵渝，我很担心。在国共和谈中，在政治协商会议中，我代表民盟作为第三方面人士之一，更有较多的参加机会。斗争是尖锐的，第三方面人士的情况是复杂的。国民党政府对我忌恨很深；因此，在1946年1月26日出现了特务搜查住宅的事件。此外，经过情况很多，这里不多写了。记得有一件关系较大的事：1946年10月28日，第三方面人士提出有关实行停战的三个条件，其中关于东北驻军问题建议的一段，是公推莫德惠起草的。草成，中共负责同志看到了，说："那要死掉多少老百姓呀！"但文稿已分送有关方面，落到了国民党代表手里。我们一行四人急急忙忙地到孙科家，当时他们正在传阅这个文件，我对孙说："文稿有错字，须加改正。"孙问："错在哪里？"我把文件拿了过来，放进口袋就走，将稿面交中共负责同志，事才过去。

下关事件 1946年6月23日，上海五十三团体代表马叙伦、盛丕华等去南京呼吁和平，抵下关车站，突为自称苏北难民的蒋帮特务数百人包围，相持至深夜，特务竟痛殴代表。我们在民盟总部频频接得情况报告，夜一时半，我特走访冯玉祥，商解围。旋悉暴徒已被驱散，代表已经进城。迨受伤的叶笃义抬回民盟总部，才知道马叙伦、阎宝航、雷洁琼、陈震中和新闻记者等均被殴伤，有的很重。第二天天甫明，我去中央医院看望受伤代表，到兴华旅馆访问其他代表，商量如何进行工作。当天下午四时，部分代表到国民参政会参加政协第三方面人士召集的茶会，国民党政府也有人出席，代表等述明来意，要求严惩暴徒。当晚我和民盟几位负责人在秦淮酒楼请代表们会餐。25日起，遍传暴徒更将向中共代表团住所和民盟总部再施暴行的谣诼，我们时刻准备着应变，后来并未实现，原来只是一种可耻的恐吓。28日，胡厥文从上海来，代表民主建国会慰问受伤代表。29日下午，我们欢送上海请愿代表及随员一行十六人乘飞机返沪。下关事件与后此发生的民盟中执委李公朴、闻一多7月间在昆明先后被杀害，民盟主席张澜8月间在成都被袭击受伤，以及其他如西安、北京、成都等地的惨杀、绑架、凶殴等案，同为蒋帮继沧白堂事件、校场口事件、捣毁民盟机关报《民主报》中共机关报《新华日报》营业部等暴行以后的反共、反人民、反民主运动的迫害行为。

《吾心》 在与上海请愿代表秦淮酒楼的聚会上，我曾出示题为《吾心》的近作七律一首：

老叩吾心矩或违，十年回首只无衣。
立身不管人推挽，铄口宁愁众是非。
渊静被驱鱼忍逝，巢空犹恋燕知归。
谁仁谁暴终须问，那许西山托采薇。

那时国民党政府确有拉我下海，分化民盟的阴谋，经我严加拒绝，《吾心》这首诗旨在表明态度。1946年7月10日，我与上海《联合晚报》记者谈话，告以无意参加政府，从事辟谣。后来，又有人来要挟我参加国大，脱离民盟，我坚决表示：（1）不能同意于不统一、不团结之下通过宪法，此是不通之路；（2）我不能与人共走不通之路；（3）欲我脱离民盟，不能自毁人格（载7

月27日日记)。8月8日的《联合晚报》又刊载了我与“民治社”记者的谈话:“政府此次曾使人以改组政府事,征求本人意见。我当即答复第一必须实施宪政,第二要国共合作,第三要多党多派共同参加,以构成一统一之政府,若只凭几个人来做,是无用的。”似这样一次又一次地表明了态度,国民党反动派才止息了拉我堕入反动泥坑的诡计。

脱离特务侦伺,进入解放区 日寇就降,全国和平民主运动正在展开,1946年10月11日,蒋军突然袭取共军所驻张家口,同时颁令召集蒋方人员组织的所谓“国民大会”,我在日记上写着:“完了,国共和谈从此破裂了!”从此决心留沪,除参加民盟、民建各项活动外,就上海故居,以较多时间悄然闭户读书,卖字以供生活费。方有所计划,而后发现有逻者追踪,继则特务据守荣康别墅弄口,经常侦伺行动,不离形影。无以自遣,取朱古微辑宋词三百首,精选手抄,得长调、中调、小令共四十二首,命名《宋词隽》,以散闷怀,以掩谍目。1949年2月14日,我与爱人姚维钧乘汽车出弄,扬言赴永安公司购物,特务尾追,我们自公司前门入,边门出,坐上王艮仲预留的汽车到吴淞口,由中共同志陪同,搭特备轮船去香港。为了遮掩特务耳目,家中还大宴宾客三天。到第三天,报载黄某离开上海了。我呢,3月14日偕维钧和女儿当当从香港去天津,3月25日来北京,参加欢迎全国人民伟大领袖毛泽东主席一行自石家庄来到。

儿竞武的牺牲 我的儿子竞武在上海中央银行任职。上海解放前夕，蒋介石阴谋将中央银行全部的金银货币，秘密运往台湾。在地下党的领导下，竞武和银行职工联合发动罢工拒运，为特务侦悉，竞武忽告失踪。后来传闻匪帮在南火车站附近惨杀不少人，经人发掘，才发现竞武和另外七位革命志士的遗体埋在一堆土里，腿已被打断了。我1949年6月25日去上海时，才获知竞武牺牲的经过。

中国共产党领导中华职业教育社走向新生 中华职业教育社经历的四十六年是一个伟大的时代。社成立前三年的1914年，第一次世界大战爆发，在1918年11月11日宣布停战结束。1917年11月7日，十月革命一声炮响，给中国人民送来马克思列宁主义。1919年中国发生了五四运动，1921年7月1日中国共产党诞生了。1927年北伐胜利，接着蒋介石叛变革命。继1931年9月18日事变后，1937年7月7日日本军阀进一步侵略中国。1939年9月1日，第二次世界大战在欧洲以法西斯德国进攻波兰开始，结束于1945年5月7日德国的无条件投降；在远东，以1941年12月7日日本偷袭美国珍珠港开始，结束于1945年8月14日日本宣告投降。1946年10月，国民党反动派悍然破坏国共和谈，中国共产党领导的人民解放战争节节取得胜利，终于把蒋介石赶出大陆，中华人民共和国于1949年10月1日庆告成立。中华职业教育社从此以后，发现了新生命。在反动派统治时期，它的事业年年壮大，但也遭遇到多次迫害。它之所以未被消灭，主要由于它的活动，还能适应当时环境的需要。1947年，李正文同志到职教社来，传达了中央毛主席对民族工商业的政策方针。当时我们把“发展生产，繁荣经济，公私兼顾，劳资两利”这十六个字向部分社员和所联系的工商界作了宣传。中华职业教育社奋斗了三十二年以后，终于能在中国共产党的直接领导下，走向新生，今后将一心一意地为无产阶级政治服务，为人民群众的根本利益服务。

附　录

延安归来*

一、延安归来答客问

这回，我偕褚辅成、冷遹、左舜生、傅斯年、章伯钧五位先生离重庆到延安，从7月1日至5日，往返共五天。回来以后，各方面朋友纷纷问我延安的情形。这样，那样，说了一遍又是一遍，着实应接不暇，怎么办呢？且把各位所发问题，用一番整理工夫，每问题作一个答案，一个个写在下边，用书面来替代口头，也许可以省去些诸位发问的麻烦吧！如要知道我们整个的行程，还有一篇延安五日记。那写得比较详细些，诸位尽可参考。

* 《延安归来》，1945年重庆国讯书店出版。收入本书时，对人名、地名错误作了校正，对某些词语作了注释。

一、你们延安一行，究竟是怎样的动机？

答：我们六个人虽都在参政会[①]，有相同的主张，但有各不相同的立场。褚先生是国民党老党员。左、章两先生各有他们所代表的党[②]。我和冷先生、傅先生都没有党，但傅先生是以学者的身份，而我和中间几位先生，还有些民主同盟的关系。可是立场虽有小异，主张却是大同。

我向来这样主张，抗战要必胜，建国要必成，先须完成三大合作，就是：政府与民众合作，中央与地方合作，国民党与各党各派合作。我呢，愿竭尽一切力量来协助它。这是我抗战以来基本的一贯的主张，在这上面当然我是愿意卖力的。

五五宪草[③]，在宪政实施协进会里，研讨了不少次数，末了一次，我起立发言：这份宪草有值得极端重视的一点，就是必须在全国和谐一致的空气中产生，否则万一酿成纠纷，反为宪政施行的障碍。褚辅成先生立即发言：我的主张也是这样。隔几天，褚先生招我和冷、左、章、傅诸先生及王云五先生等，提商这问题的进行方法，这是5月25日的事。

6月2日用褚辅成、黄炎培、冷遹、王云五、左舜生、傅斯

---

① 参政会即“国民参政会”，是抗日战争开始后国民党政府成立的一个咨询性质的机关。参政员都是由国民党政府“遴选”的，其中国民党员占大多数，只有极少数是中国共产党和其他党派的代表。

② 左代表青年党，章代表第三党，即农工民主党。

③ 五五宪草，原名《中华民国宪法草案》，发表于1936年5月5日。

年、章伯钧七个名字公电延安毛泽东、周恩来两先生，大意是说：团结问题的政治解决，为全国国人所渴望，某等鉴于国际国内一般情势，唯有从速恢复商谈，促成团结，盼复。同月22日，接到延安复电表示，如果当局愿意，是乐于商谈的。并欢迎我们到延安去。同时表示他们不参加本届参政会。

接下来我们七人作数度深切的研究。我们发电的意思，只愿促成国共商谈，希望造出和谐空气来。我们自己并没有预备提出什么主张。但现在延安要我们去，我们倒需要考虑一下。

我们数度会商的结果，一致认定双方商谈的门，是没有关闭的。蒋主席3月1日演词①，和毛先生论联合政府文，都说得明明白白的。但从3月初延安表示中止商谈以后，如果在商谈没有恢复以前，国民大会问题，尽管一步步进行，那么，国民大会可能被人认为某方面的国民大会，所通过的宪法，可能被人认为某方面的宪法，那就僵了。若一面尽管进行国民大会问题，恐于商谈的进行上，也将受到影响。因此，我们七个人一致主张两点：一是要从速恢复商谈；二是把国民大会问题的进行展缓些。

主张既定，共同去见蒋主席。主席很希望我们到延安去一趟。并在我们充分说明一致的主张之后，以伟大的、恳切而坦白的精神，答复我们：国家的事，只须于国家有益，都可以商谈

---

① 指1945年3月1日蒋介石在重庆宪政实施协进会上的演说。蒋在演说中，坚持国民党一党专政，并提出由美国代表参加的三人委员会来“整编”八路军、新四军，公开要求美国干涉中国内政。

的。我们听到了，就决定去延安。但是到临走那天，王云五先生病了，结果只有六个人去。

二、你们六个人去延安，用什么名义呢？

答：我们是用个人名义。虽都是参政员，但并没有受参政会公推。冷、傅两先生在去年参政会里，曾被推为延安视察团五人中之二人，但他们两位并不用视察团团员的名义。更不管有党无党，我们是自由的、自动的。不受任何方面的委托，所以不受任何约束。我们不是第三者，不是和事老，我们也是国民，我们是有主张的。我们去延安，我们先认清自己的身份是这样的。

三、你们究竟对于大局是怎样的看法？

答：内战是绝对不应该，也是绝对不可能。这不是谁能打、谁不能打的问题，而是国内和国际情势上所绝对不允许的事。这是从消极方面说。积极方面，在全世界高唱和平与民主声中，无论国与国间，民族与民族间，乃至一国之内，任何单位与单位间，凡是两个以上，都在由联系而合作而团结。波兰问题，算是一个僵局的了，到底圆满解决。印度西姆拉会议的破裂，舆论都不满意于教派代表的固执。世界思潮的新倾向，不是已经显明了么！这是我们一致的看法。何况国共问题，双方商谈之门，本没有关闭呢！

四、你们到延安一般的观感怎样？先请说说延安的风光好么？

答：我们是坐飞机去的。一下飞机场，首先使我们注目的，是左右两行山脉，高高下下的峰壁上，凿着无数圆形而平底的窑洞，这都是老百姓的家。延安是经过几次日寇的大轰炸，最近从瓦砾堆上，建筑起房屋来，成为疏疏落落的街道，当然说不到繁荣。但在新市场区域，把重庆来比，仿佛像信义街、棉花街一带，中间不断地是新建的房屋。商店二分之一，至少三分之一，都是合作社，或类于合作社的组织。中间不少数量的商品，是公务员家庭所制造出来的，所种植出来的。警察是没有见过。游民，他们叫作“二流子”，也绝对没有的。标语很少，或者竟可以说没有，有的是街上宣传小品。我提出一两点比较琐碎而可以做描写延安风光的助力的。书店门外揭示着的广告，出售书籍和文具，在黑板上每一种用粉笔画一个图，标明价目，民众都在围观。还曾到理发店里去访谈，每一次理发流通券七十元。理发用凳的靠背，窄窄的木板一块，板向后方，人斜卧在上边，理毕，将木板竖直，回复原状，这个办法倒比一般流行的理发椅来得简单而省费。这边一般的木器，都是制造得非常坚致的。

忽然看见一个招牌，是“韬奋书店”，使我顿时忆念到长眠地下的老同事邹韬奋先生，发生无限的哀感。

延安城靠着一条延水，河身很阔，但水极浅，一般人涉水时，水不过膝，我们是坐着汽车过河的。问他们才知道到发水时，流量和流速大得了不得，在平时老是这样的。

延安到处总是一条水，水边一条路，路两旁是人家，水两旁是高山，仿佛一式的。

党政军三个中心区域，我们都到过，房屋高高低低地都在山坡上下，和民间的建筑，没有多大差别。但各有一个大会堂，大会堂的规模当然不能比重庆中华路的青年馆，但也还有中一路抗建堂模样，实在超出我们想象的。

我不再说下去了。请读我延安五日记吧！

五、再请说说延安的人物。

答：说到人物，我愿意先谈谈延安的民众。现在延安有五万人口，其中三万多是公教人员和他们的家属等等。这种人员，不论男女都是制服，女子学生装短发，都代表十足的朝气。当地老百姓，衣服也都很整洁，衣料是蓝或白的土布。绝对没有褴褛污秽的流浪者。女子皆天足。此等士人，是代表朴实和体格的健全，却从没有发现过绅士式的男子，和涂脂抹粉、洒香水、着高跟鞋等摩登装束的女子。

至于中共重要人物毛泽东先生，依我看来是一位思想丰富而精锐又勇于执行者。朱德先生一望而知为长者。此外，轰轰烈烈的贺龙、彭德怀、聂荣臻、林彪、刘伯承……诸位先生（徐向前先生在病中没有能相见）在一般人想象中，一定脱不了飞扬跋扈的姿态。料不到，这几位先生都是从沉静笃实中带着些文雅，一点没有粗犷傲慢的样子。真是出乎意料。

我们来去统共只五天。在延安三天，每天总有半天，忙的是正式谈话。所有观风问俗的工夫，用得太少，这也是无可奈何的。

六、延安的政治作风究竟怎样？

答：我们在延安，倒自自在在的。要到哪里，看哪人，都绝对自由。你不需要带路，你就自己去。可惜我们时间实在太短，没有能出延安，到四乡去走动。就在延安，看到的地方，也实在太少。就所看到的，只觉得一切设施都切合一般的要求，而绝对不唱高调，求理论上好听好看。举几个例子，他们知道贫农的要求，不一定在自有其田，只在乎有田可耕，而减轻租额，于是变分田政策为减租保租。他们知道贫民要求有钱可借，而减轻利率，于是不禁止债主放债，但严定减息保息。有人将怀疑中国共产党在开倒车，然毛先生说：那些都是党八股，万要不得。他们知道老百姓最苦的是贫而且病，只在都市设医院，施医给药，是不够的，于是组织医疗队，巡回四乡，医和药是送上门的。他们常常抓住了一个人或一个地方办出优良成绩的，来一个扩大运动。离开延安二三十里吴家枣园吴满有耕地办事成绩好，赠他一个劳动英雄徽号，各地举行大规模吴满有运动。毛先生说：我们要打倒主观主义和宗派主义。我们要向老百姓学习。工农分子的知识有时倒比知识分子多一点。读了马克思主义，没有能根据它来研究中国的历史实际，创造出合乎中国实际需要的自己的理论，做了中国共产党党员，看不见中国，只看见书架上的革命文献，这种马克思主义理论家，还是少一点好。他主张有些书本知识的人，快回到实际工作里去。这都是中共三年来的新方针。至于执行得比较彻底，不马虎，在延安几天里，随处可以见到，这是事事有组织、人人有训练的缘故。

我们应该知道中共政治作风已变了。不是变向别的，而是变向平凡。

七、你们和延安诸位领袖正式谈话的经过怎样呢?

答：我们和毛先生等谈话，在三个半天中间合起来，倒有十来个钟点。第一天我们叙述来意，和充分说出我们对于大局的看法。说到双方商谈之门，并没有关闭，毛先生很表同意，还接着说，只为了门外有一块绊脚石，就是国民大会问题。第二天彼此交换意见，几乎每一个问题都充分讨论到，时间也占得最长。第三天谈出结论来了。对我们所主张的两点，表示完全相同，而另外提出些他们的意见。总之这三天的谈话，彼此都十分坦白，十分恳切，不当作“办交涉”，而是亲亲切切地谈心。因为大家对于大局有相同的看法，这基本观念是一致的。

八、你们回来怎么办呢？

答：我们回来以后，六个人共同去见蒋主席，很坦白地据实报告，接下来就忙着参政会开大会了。

九、这次参政会，你们的态度怎样呢？国民大会问题的结果怎样？

答：我们商定依各人的地位和环境，用不尽相同的方法，希望完成我们共同的贡献。有人关心到中共不参加参政会一点，我们对这点在延安并未提及。我们认为如果从商谈而获得团结，根本上得到解决，枝叶自不成问题的。

这次参政会关于国民大会问题的经过，倒是值得一述的。7月7日开幕的那天，蒋主席演词中，有这样的一段话：

> 本年5月国民党第六次代表大会有于本年11月12日召集国民大会之决议，至于与大会有关各问题，在未听取贵会诸君之意见以前，政府将不作任何决定。因为国民大会的召集，既在结束训政，还政于民，则大会日期，自应由

国民党来负责决定。至于与国民大会的召集有关的各种问题，在现况之下，虽不易得到理想的解决，但各方如能虚怀讨论，政府自将虚心接纳，当亦不难觅得相当满意的方案。……政府对于与国民大会召集的有关的问题，拟不提出任何具体的方案，可使诸君得以充分的讨论。……所要求于各位的，在排除一切党派的成见，纯然站在国家利益的立场，提供合理的主张。

到讨论这问题那天，同人对这问题的提案有二十四件，登台发言的有三十六人，所有各人态度，确不愧为自由和充分。我和冷先生遹、江先生恒源，有如下之书面声明：

炎培、遹、恒源对于国民大会问题，素抱一种主张，以为此事诚发于国民党结束训政还政于民之善意，其唯一先决条件，即必须在全国和谐之空气中进行，则一切问题，庶可迎刃而解。盖国民大会责在制定宪法，树立中华民国百年大计，如各方主张，尤其是有组织者之意见，尚未融通，而遽欲仓促召集，仓促制定，则其后患将不堪设想。欲完统一，而适召纠纷，以善意而获恶果，以百年大计而演成百年大害，在此存亡生死千钧一发之间，实私心所深忧大惧，而不敢苟同时论，偷取一日之安者也。何以造成全国和谐空气，则以为群策群力，凡在国民，皆当有以自效。……今本会将讨论国民大会专题，在同会诸君子自可各抒所见，而论国家利害关系，则一出一入，何去何从，诸君子善为国谋，必能审慎抉择，舍小己而取大公，抑感情而伸理智，民国前途，将决于诸君子之一念。……

到审查会那天，又经过一番详尽的讨论，结果制成一份审查报告。

这份报告，提出大会之结果，以起立赞成一百八十七人对出席一百九十六人之绝大多数通过。此项审查报告，其文如下：

本审查会关于国民大会之提案，二十四件，经郑重研讨，佥认为政府召集国民大会以实践还政于民之意愿，全国人民，咸深欣佩。本会同人对于国民大会问题所提意见，彼此虽不无出入，然宪政之必须从速实现，宪政筹备工作之必须加速推进，国民大会之必须具有完满代表性，全国统一团结之必须继续求其实现，则为本会同人一致之期望。爰本斯旨，谨请大会作次列四项之决议：

一、关于国民大会之日期，本会同人意见未尽一致，本会兹不提出具体建议，由政府斟酌情形决定。

二、关于国民大会代表问题，请政府参照本会各参政员提案，衡酌法律与事实，妥定办法，务使国民大会具有极完满之代表性。

三、宪法制定时，应即予实施，俾政府还政于民之旨，早获实现。

四、国民大会召集前，请政府从速采取次列各种措施：

（一）继续采取可能之政治步骤及协调之精神，求取全国之统一团结，本会同人并盼中央方面亦深体统一团结之重要，使政府今后所采取之政治步骤获得其预期之效果。

（二）保障人民身体言论出版及集会结社之合法自由。

（三）对于各政治党派依法予以承认。

（四）依限完成后方各省各级民选机关之设置，以树立地方政治之基础。

（本会同人原有各提案及本审查会各审查委员所提之意见，连同本决议案并送政府。）

这是本届参政会对国民大会问题之结果。

十、你推测这件事的前途怎样？

答：事实的经过，已详尽报告如上文了。至于前途怎样，我不想轻率地加以推测。只认定两点：（一）这一问题的利害，已经明明白白，更没有怀疑余地的了。（二）我人服务，苟利于国，成败应非所计。

二、延安五日记

日记，我是从辛亥革命那年写起的。但这五天的日记，含有特殊意义。从延安回来，问我延安情形的太多了。我无法一一口头报告，在友谊上又不能不报告，发于良心的驱使，而有这回的奔走，我们的态度，是绝对坦白的。为了国事，在公义上更不能不报告，特把日记来发表。

我的日记，是句句老实话。如果有人以为太这个了，也许有人以为太那个了，“见仁见智”，对于诸君，只有报之一笑。

延安的一行，发动于6月1日，我们七个人——我与褚辅成（慧僧）、冷遹（御秋）、王云五、傅斯年（孟真）、左舜生、章伯钧，公电延安中国共产党毛泽东、周恩来表示希望国民党与共产党从速恢复商谈，促成团结。因为国共双方在2月以前本在商谈，后来才停顿的。延安复电希望我们前去，经各方接洽的结果，决定一行。

民国三十四年7月1日　（晴）

前两天才决定今晨飞延安，内子维钧用她周密而亲切的心思，准备简单而必要的行李，装成一皮包，随身带着。晨七时，离开了重庆张家花园寓楼，杨卫玉、贾佛如、许荀八、尚丁等送到观音岩，握手告别。维钧陪我上小汽车，在这时候，二龄女当当大哭，一龄的丁丁呆看着，什么都不懂。

小汽车到九龙坡机场，得王云五信，昨夜忽感寒热，体温高到一〇三度，医生力阻出门，结果我和褚、冷、傅、左、章六人同行。临上机，先练习降落伞使用法，说万一遇到敌机，这件东西是必需的。

九时三十五分起飞。自和维钧结婚，将满三年，这回还是第一次分别，因维钧富于情感，一时无法抑制，使我大感动。

机从晴明的天空中北行，白云朵朵，现出悠闲的姿态，好像绝不了解世界正在打仗，我们正在忙碌着。嘉陵江一弯一曲，自北而南下，我们的机，迎着它直线前进。过了一个半钟头，飞机忽然升高到八千五百公尺，秦岭山脉来了。我在八年以前，从上海飞西安，转飞绥远劳军，曾过秦岭，这条山脉最高的太白顶比华山、峨眉山都高。但在飞机里俯视，只见倾斜着的青绿而满布着林木的大山坡，在白云掩护中间一幅一幅在倒退。秦岭以北又一片青绿的是平原，我旧游的西安，在马不停蹄的飞行中过去了。

从重庆到延安，空程四百五十英里，飞机每小时行一百二十英里。

陕北一片丛杂的山岭，一条延水自西北而东南，流入黄河。经过延安的一段，两道山脉隔着，两岸背靠着山脚的，是延安的城市。

飞机选定了两山中间一条最适宜的空中路径，从远处直线飞下，一落地，欢迎者成群而来了。

毛泽东、朱德、林祖涵、吴玉章、周恩来、邓颖超、秦邦宪、张闻天、林彪、叶剑英、徐特立、李富春、杨尚昆、谢觉哉等。

从机场周围一看，好像四面皆山，山壁上凿下无数的洞，洞的外形，上边是个半圆，下边是一画，无数个排列着，好像扩大的龙门佛像，却全是老百姓的家屋。我曾经游过晋北，住过这种窑洞，但没有这边规模大。今年陕北苦旱，延安一带，恰在我们到这以前三星期下过两场雨。

我们坐着十人座位的汽车，到了王家坪第十八集团军总司令部，进客堂，宾主围坐。主人比来宾约多三倍，在欢洽的空气中，新旧朋友分别杂谈。进会堂午餐，这堂有讲台，很像重庆白沙沱中华职业学校的礼堂。这不是说中华职业学校建筑宏伟跟中共礼堂一般，也不是说中共规模简陋和一个私立的苦学校一般，事实确是这样。只是这礼堂的梁和柱要比中华职校的礼堂粗得多。这里有一点遗憾。这“遗憾”两字，用得特别准确，是遗传下来的憾事，就是山上很少林木，不是天没有生，是在中共到这里以前，被某种军队砍光了的。我曾经游过岷江上游，光秃的丛山，那种惨象，写入我的《岷源一曲》。这里山顶，带青绿色，还算好哩。

餐后，仍乘车行，渡过浅浅的延水。我们南方人读《孟子》，“子产以其乘舆，济人于溱洧”[①]，车子怎能渡水呢？是不能了解的。那年到曲阜，坐着车渡汾水[②]，才恍然大悟。我们是客，坐着水陆两用的车，还有许多人，褰裳涉水而过。

过了延水，穿过了小小的延安城，眼帘前忽然闪过一块牌子：“韬奋书店”。

出延安城南门，到了陕甘宁边区政府招待所，地名瓦窑湾，每人一间卧房，凡是你所想到需要的，都替你预备着。

小睡后，偕慧僧、御秋出门，没有告诉别人，很自由自在地散步新市场。

排列着好几家大规模的北方式的商店，叫“过儎行”，是一个大院落，养着不少驴马，问过他们，知道是代客运货，运到的货，也代客买卖。慧僧问他们运些什么东西，说一部分运进棉花；问棉花的价格，说每担流通券五万多元，就是法币十三万多元。

这里向来通用的边币，须七元多换法币一元。现在发行一种流通券，仿关金券（流通券一元抵边币二十元），现在法币二元六角，换流通券一元。

这里妇女的装饰分两种，一种是短发制服，大都是公务员；又一种是从乡村来的，穿着窄而长袖的大襟的白布短衣，小而圆

---

① 溱（音真）、洧（音委），水名。在河南省。坐着车子渡水，言水浅。

② 汾水，应为泗水。

的裤脚，不穿裙，天足，梳着扁形的圆髻，髻上插上十来个白银的针，中心一针较大，周围较小，眉目有些特别，鼻梁是平而长的，两目和两眉，各成一字形的直线，显出一种天然的秀美。我所看到的乡村装饰的妇女是一律的。一个这样装饰的少妇，在驴夫扶助下，跨上驴背，盘着一脚平置驴背上，一个六七岁的男孩，跨在仿佛是他的母亲的背后坐着，他们骑驴的技术这样老练，真使我惭愧。

一家是联合木器厂，去访谈了，他们说是若干木器制造的工人，合组起来的。这里的木器不坏，是工作很道地的旧式木匠，用当地的材料，做成新式的木器。刨得很光，拼得很紧密，角和边线，都把棱去掉的，漆用淡黄色，着热不褪色。我从木器厂里、招待所卧房里，和各朋友家里看来，是一律的。诸位：休笑我写得太精致，要研究群众文化的程度，这种地方倒是值得注意的。

一家是供应总店，又去访谈了。原来各机关各公务员衣食用品凡是公家供给的，都经供应店供应，有分店，有总店。

街头墙壁上贴着一份拥军公约，是四言的二三十句话，都是讲民众对于军人，和军人对于民众应该互助的工作。

一家妇女联合会开的合作社，所售商品，都是公务员家庭制造的，吃的用的穿的，种类着实不少。

到处是新建筑，我和御秋去访问，你们这屋是自己筑的吗？答是。有没有公家贷款给你们或是补助你们？答没有。看各家的建筑，各式各样，可以证明这确是他们自己的建筑。

街头一块黑板，一边粉书解放区名称，又一边粉书含有很丰富的卫生宣传意义的一桩故事。黑板的角上有个意见箱，不管什么人都可以把意见书投入，如果他要向政府说话的时候。

三个人走了好多时候。街道是整洁的，阶下有水道。却没有看到茶馆，没有看到一个游手闲荡的人，他们叫作二流子，男女都气色红润，尤其是女子，特别秀硕，据说，当地人家吃小米，小米很能增加女子内分泌，可是我没有研究过食物化学。

在街上绝对没有看见过一个面带烟容而颓唐的人。晚餐了，一大群朋友围坐着杂谈，商定了从明日起的进行顺序。

今天恰是中国共产党成立第二十四周年纪念日。在二十四年前即1921年中华民国十年的今天，在上海举行了第一次代表大会，中国共产党就这样成立的。

夜半十二点钟才就枕。这里的气候，中午温度也要比重庆早晚降低十几度，初进卧房见床上堆着很厚的棉被，一时感觉这种设备也许未免过分周到，哪知到了晚上，我的胴部[①]已抢先在欢迎它了。

在枕上，成一首新诗，还没有定稿，就在雪一般白的窗月下朦胧着。这里南边的邻县，是鄜州[②]，不免生“今夜鄜州月，闺中只独看”的感想。

二日（星期一）晴

清晨五点钟起身，朝阳给一道山脉挡住，还没有露面，而红霞已布满天空，这时候空气最清新，很像北平秋天之晨。肌肤

---

① 胴（音洞）部，指躯体。

② 鄜（音夫）州，陕西省鄜县，今改富县。

和它接触，发生无法形容的爽快。就招待所室门外空地，照例举行早操，散步小园里，成七律诗一首。早餐，鸡蛋、牛奶、小米粥、馒头，大碗盛着的白塔油等等。

早餐甫毕，许多新旧朋友陆续来了。

陈学昭、丁玲两女士，我很早读过丁玲的不少作品，但见面还是初次。陈毅（号仲弘）新四军军长、张仲实、张曙时、范文澜。二十多年大学老教授范文澜，忽对我深致敬礼，原来还是四十二年以前，浦东中学第一班毕业生，我亲自教过的，他是绍兴人。他们不全是共产党党员。

从许多新旧朋友口中，知道了不少这里的事实。

这里有延安大学，有医科大学，有自然科学研究院。地方军队大多是土著，他们的责任在保卫地方，从事生产，不开赴前线。

绝对不拉兵，前方士兵缺额，都就地补充。这里也常有志愿从军的青年，最近有二十多人愿赴东北，政府替他们饯行，勉励了他们不少的话。

每个人都投书街头的意见箱，也每个人都上书建议于主席毛泽东。

有人说："我是1938年来的，那时候地方妇女还穿着破烂的裤子，我亲见过的。现在好得多了。"

政府好像对每一个老百姓的生命和他的生活是负责的。

医院不多，但有若干医疗队，巡回各乡村替老百姓看病。最近一个护士节，曾经大规模为医疗队护士慰劳。

乡村有变工队和扎工队。变工队是交换工作。扎工是地方的名称，扎工队替人家做工，或受酬金，或答还工作。

全部边区，到去年年底，已有三十多个信用合作社，存款总额达四万万元，吸收白洋一万多元，元宝十几锭，手镯四十副。这是建设厅长的报告，到今年5月单是延属分区，也已有三十五个信用社，资产总额七万万五千五百万元。

边区银行，是为边区人民服务的银行。在信用社资金调剂不过来或无法调剂时，银行负责扶助，给以必要的贷款。

离开延安三十里地，有吴家枣园，一位吴满有，他的村庄工作得太好了，不但自己工作，还替别人工作，还劝人家替别人工作，所以称为劳动英雄，借来鼓励各地方，仿他的作风。这种运动，叫作吴满有运动。各区劳动英雄还不少。

有一位是1936年来的，说那时候地方一片荒凉，很多土匪，医院也遭过抢劫。有一次周恩来坐在车子里，遭土匪狙击，打死了同车的另外一人，这人身边有周恩来名片，土匪以为被打死的就是周恩来，一呼而散，周恩来幸免于难。

延安西北，有一个很热闹的保安县，现在改名志丹县。那时候县城内老百姓只有九家。保安之西吴起镇，现改吴起县，当时只有些破窑，今成闹市了。

中共初到时，实行过分田，就是把富户的田，分给耕农，现在没有办。延安现有八大富户，其中有田一二千垧（这里每垧三亩，我曾游东三省，那边每垧十亩）的不少。商会会长王克温就是八大富户之一。

富户虽是把一部分的田分掉了，但余下的田，收租倒有了担保。这里现行的政策，对田主们来说是替他们保租，但须减租。对债主们是替他们保息，但须减息。

到处有庙会，不禁止的，但趁此举行各种有关教育卫生等宣传。

这里公务员的衣食用品都是公家供给的，每一公务员每人每年有棉衣一套，单衣一套，衬衣一套，棉鞋单鞋各几双。每日米二十两（今年为了备荒，改为十六两，有的人特别报效，自动改为十五两），蔬菜一斤。每月猪肉二斤（去年三斤，为了备荒故减），油一斤半。

生育一切公费，连纸都由公家供给。孕妇产前公家车送医院检查。婴儿六个月以下，公家给钱。以上到一岁半，每月给面二十斤。母亲如乏乳，则供给牛乳。

医药公费，其他用品，如纸笔等，皆供给，但有限量。

一位女士笑着说："连妇女卫生纸都由公家供给的。"

体弱的皆给保健费。并非体弱，但有特殊情形，如年龄过高的也得用保健费名义加给。这种保健费多少不等，每月由几千元多到一万元。

作家特别优待的，例如作家领取纸笔，不加限制。

因为膳食是公给的，所以延安大学假如有位教授，今天要到这里招待所午餐，必先向延大方面领一证明纸，交给招待所，使延大减一客饭，招待所添一客饭，才不致浪费，也不致仓促难办。他们立法是精细的。

我问："无论公家供给如何周到，总有包括不了的地方，例如买书，买小食，买香烟等一切零用，哪里来呢？"答："政府奖励每一公务员和他的家属努力生产，或就屋旁余地种蔬菜，或纺纱织布制衣服及一切手工艺，如儿童玩具等，这种生产所得，都归他本人的。这是一笔很可靠的生活补给。而街头日用品的丰富，以及墙根屋角没有闲地，也就为这一点。

延安现在人口五万，但其中公务员占三万以上，据说中共初到时，这里城内不过二千多人。

下午坐车赴杨家岭，访问中共主席毛泽东，直到他的家里。这里称毛泽东便是毛泽东，不大连用他的衔名。

杨家岭是中共中央机关所在地，同样是高高矮矮的山坡，离延水稍远些，风景很好。有一所大会堂，规模相当宏伟，背靠着山坡。大概中共重要人物，他们的家，都在这山坡上下，因为我访问许多老朋友，大都在这里的缘故。

从大会堂右边绕到后方，走上山坡，便是毛泽东接见我们的一间会客室，仿佛就是大会堂后身的上层。会客室是长方形，光线很足，中间安着长桌，四周各式椅子约可容二十人。四壁挂着清清疏疏的几幅画，中有一幅是沈叔羊画的，一壶酒，上写“茅台”两字，几个杯子，我题上一首打油诗。这是某年沈叔羊在重庆开画展，要求我在这幅画上题字，忽然想起了二万五千里长征中间，共产党人在茅台酒池里洗脚——一桩故事的传说，就提起笔来游戏式地写上一首七绝：

喧传有客过茅台，酿酒池中洗脚来；
是假是真我不管，天寒且饮两三杯。

料不到这幅画落在共产党领袖的客堂里。

毛泽东和我们已经谈过许多小时了，都是随随便便地闲谈，这一回我们事前约定的要谈正文。我们六人，毛泽东以外，朱德、周恩来、林祖涵、刘少奇、张闻天，任弼时、王若飞。先由褚辅成简略说明这一次我们来延安的大意，接下由我们五人一一发言，很充分地说明我们对于国际及国内大局前途的看法，认为团结是有绝对的必要；其次，我们平时对于团结问题的稍稍效力；再次，依我们所知道的国共两方关于团结问题的经过，以及最近商谈停顿情形，但蒋委员长3月1日宪政实施协进会演说词尚在继续寻求合理的办法，以期中共问题得以圆满解决，而中共方面毛先生论联合政府大文在发表各种主张之后，也有愿意恢复谈判的表示，所以我们认为商谈的门是没有关的。我们说话是你一段我一段，姿态是很自然的。我们说到这里，毛泽东就顺着上文说：双方的门没有关，但门外有一块绊脚的大石挡住了，这大石就是国民大会。这一点我们的看法倒是相同的。那一天谈得很久，可以说都是我们述明来意，还没有达到交换意见的阶段。但时间不许可再谈下去，外面报告要进晚餐了。

晚间，中国共产党中央党部就大会堂设宴。入席以前，就别室一一介绍。因为中共最近举行七中代表大会，从前方来的，都还没有散。向来闻名，这回才见面的如下：

贺龙、刘伯承、彭真、高岗、康生、彭德怀、聂荣臻、陈云、吕正操等。有若干人，已记在前面。徐向前在病中。

堂上放六个圆桌，我的一席主人有朱德，陪坐者有贺龙、陈毅、陈云、吕正操、陆定一等五人。大家随便谈天。只觉在座各位高级将领，一般定以为飞扬跋扈得了不起，哪里知道一个个都是朴实稳重，和我平时的想象完全两样。和贺龙同桌谈天，就有这种感想。像朱德的厚重温文，更不容说了。

餐毕，接着开欢迎晚会。这地方仿佛是民众教育馆，到者也许有千人以上。毛泽东、朱德等带领我们在热烈的掌声中入场。主席李富春登台简略说明了欢迎会大意以后，周恩来致欢迎辞，特别强调民主和团结。我们同行的推我致答词，我就简短地说明来意，我们来延安的目的，就是想在促成全国团结上而努力。我们相信现今世界有一种新的趋势，每一个角落，每一个国家，都在由分而合，走向团结的一条路。就是国与国间，也形成了大联合，因此产生了五十个国家合组的旧金山会议。这是世界新的潮流所构成的不可抗的力量，哪一个国家顺着这潮流，哪一国家就有生命；反之，将会失去生命。我们来延安，就是发于这些基本的感想。第二目的想来看看延安。我们来到这里，还只有一天半，当然不够资格说什么话，不过就我所看到的，没有一寸土是荒着的，也没有一个人好像在闲荡。有一位朋友告诉我，政府对于每个老百姓的生命和生活好像都负责的，这句话做到，在政治上更没有其他问题了。多谢诸位厚待。这是我答词的大意。

接着左舜生简单说明了中国民主同盟的经过，及对于中国局势的看法，说中国需要团结，只有实行民主，才能保障团结。

唱欢迎歌以后，接着音乐、秧歌剧、话剧，到夜半12时才散会。

使我最欣赏赞美的是一出《兄妹开荒》的秧歌剧，表演得特别绵密而生动。据说表演的不是北方人，而方言、音调和姿态，十足地道地写出北方农村，这真是“向老百姓学习”了。我是读过王大化关于演出《兄妹开荒》经过的报告的。他说：要表现出边区人民活跃而愉快的民主自由生活，要表现出他们对生产的热情。事后，我怀疑这位主角就是王大化，可惜当时没有问。

三日（星期二）晴

清早起来，散步园角，发觉四面村落间，一片鸡鸣声，远远近近连续不断，使我感到非常的诧异，每天都是这样。我所写诗“相忘鸡犬闻声里”，固然脱不了积习，在运用一个古典，写出政治环境的恬适，实在也是记录当时实际的情景。同时联想到也许是普遍提倡家家户户家畜生产的结果。

诸友好陆续来谈了。

时间太局促，只能分工，一部分同人参观延安大学，我愿参观农场，坐车到杜甫川，参观光华农场。我曾经游过四川的三台，观苏东坡洗砚池。古来有名人总免不了给人家拉拉扯扯，杜甫川也许是这个例子。但杜少陵也可能来到这里，他从三十五岁起到四十八岁一直在秦中的。我只没有工夫去考证。

光华农场场长陈凌风，广东人，岭南大学毕业。闻夫妇俩很早离开他家乡，八年前创办这农场。

这农场有平地二百多亩，山地一百多亩。农夫三十多人，职员二十多人。

（一）农事试验缉。（二）畜牧兽医组。（三）乳牛场。若干外国种乳牛十几条。

自制牛瘟血清。各县很多牛疫，是生产界的大敌。曾有一次七县同时患牛疫，注射血清后都愈。现有三千一百多头牛，都已注射防疫血清。

陈场长一面导观，一面说明。

小米　特产是狼尾谷，因为谷芒特别长，鸟兽都不敢窃食。这是从土种中间品成的，经改进后产量增加到百分之十。

玉米　特产是金皇后，这是刘少奇从鲁豫前敌间采集来的种子，秆高一丈二三尺，每亩可收七八斗，每五穗可打一升，有双穗的。经改进后生产增加到百分之五十。

洋芋　美国种，增产到百分之二十五。

棉　特别优良的一种，名“猴子爬杆”，因为棉铃生在全杆顶上的缘故。产量特别丰富，现已推行十几县。

羊　畜有美利奴羊。还有一种滩羊，收获更丰，它的皮就叫滩皮。

糖萝卜　正用土法试验制糖。想从外面运入机器和改良种子，都被阻不得运入。

蜂　一箱可收蜜五十磅，普通只收三十多磅。

农场一部分试验区在山坡，种得青绿可爱。

同去参观的冷遹对农场经验特别丰富，参观后大感满意。

地方民众主要的食品：小麦，荞麦，玉米。

毛泽东等来续谈正文。今天谈话时间特别长，谈到的事项特别多。各抒己见，但不涉辩论，尽大家自由发表。结果约定由中共方面把意见写出来，明日公开阅看。

那天晚上，陕甘宁边区参议会议长高岗、副议长谢觉哉，主席林祖涵、副主席李鼎铭，在边区政府会堂邀餐。高、谢[①]都是陕北人，中共在陕北一切设施，有今天的基础，高岗的力量很多。李鼎铭，陕北米脂县人，米脂县在陕北各县中文化水准较高；李已高年，长于算学，长于医，又精研易经；在边区政府后山头养病，我们到后，先去拜访，略谈即辞出。

民政厅长刘景范、财政厅长南汉宸、教育厅长柳湜、建设厅长高自立、延安大学校长周扬、保安处长周兴及来宾二三十人，一一相见。一位须发苍苍、民国元年同出席中央临时教育会议的安徽汪雨湘，料不到在这里相见。柳湜亦是生活周刊的老友。上文提及的劳动英雄吴满有从几十里外专程赶来参加。这位英雄年龄近四十，身体强壮，红光满面，是一位十足天真的当地农村领袖。主宾满堂，都表现着兴奋，惜时间不多，还没有畅谈，便入席了。

全堂全六席，和我同席的是南汉宸、柳湜、杨秀峰等。杨秀峰，北高师毕业，当大学教授多年，抗战以来亲自在太行山一带打游击，现任晋豫冀边区主席，和他长谈，得知那几省敌伪实在状况。

中共军队每到一地方，必首先争取民众。现时他们所用的方法，是使民众站起来，聚拢来，让他们自由投票选出他们所认为满意的人，做这一地方的乡长或其他公职。军队绝对不参加意见，地方政治，就让这地方民众去监督。他们认为只有这样，才

① 此处记述有误，谢觉哉同志，湖南宁乡人。

能使老百姓兴奋地出心出力。

凡兵士和地方老百姓发生纠纷，必须责备兵士，因为老百姓没有枪，决不敢也决不能欺侮有枪的兵士。中共高级军官告诉我，中共对这一类问题的处理方法，是一律这样的。

四日　（星期三）　晴

韬奋次子嘉骝来谈，多年不见了，见了人，笑面相迎，很像他的父亲。他在笑，我悲伤了。他现在延安大学科学研究院习机械工学，问功课有兴趣没有？答上课以外，半日做工，很感兴趣。生活费怎样？答一切都是公费。这里是这样的，凡学生声明愿在课余担任生产工作的，政府给予公费。这院学生连杂费都由公家供给。问功课满意否？答满意的。紧张得很。

若干位朋友又来杂谈了。

中共今天的局面，是从艰苦中得来的。

他们是从被压迫里奋斗出来的。

他们是进步的。他们在转变。

他们现在往“不扰民”的目标上尽力做去。

公务员体格很好。妇女勤于生育。有人说：食品中小米很助营养，于妇女尤相宜。但民间生育似乎还是问题。只看庙会时，许多乡村妇女们，都在拜神求子。有人这般说。

今天我不去延安大学，准备去参观一件比较更有趣的事，就是日本俘虏学校做工。

坐车到郊外，参观日本工农学校，入门，许多人在建筑一新屋，有搬运砖木的，有爬在屋面上涂泥的，他们的面目，一望而知是日本人。有的还戴着眼镜，显见他们不尽是劳工出身。立定看一下，他们工作很努力，很有条理。校在山坡上，一级级上去，还看见他们的各种工作。

全校日本人一百七十三名。校长冈野进，是日本共产党首领，和我们长谈，李初黎译述。

这里的日本人约分三类：一类是初到的俘虏，观念尚未改变；一类是已经改变了；又一类不是俘虏，志愿来这里服务的。

处理俘虏们的方法。第一步安定他们的生活，然后慢慢地转变他们的思想。他们的学力，大中小学都有。

向冈野进发问了：现今世界共同的要求，是民主、是和平。日本军阀恰恰和它相反，这一类人，在这个世界，当然无法生存的。但我们深信日本的民众，并不和军阀一气，可是已经中了很深的毒，今后怎样消毒？怎样恢复他们善良的本性？怕很费力气吧！他答复：要恢复他们善良的本性，重在改造环境。逐渐消除他们怨毒的心理，是一种艰难的工作，但吾人必须努力的。我说：是的。要改善政治环境，要使他们认识世界和世界人类，不是这么一回事，过去戴着某种有色眼镜，看出来的一切一切，是错误的。这种功夫，你们是日本前进分子，当然责无旁贷，我们中国人，也很愿意帮同努力的。

写到这里，我想起一桩故事了：1917年，我是第四次去日本，那时我们最初提倡职业教育，在东京拜访东京高等工业学校手岛精一，是一位七十余龄的老校长。承招待到他的家里长谈，从职业教育谈到日本劳工问题。他深深慨叹：日本劳工被压于资本家魔力之下，连“职业教育”一名词，不许成立，只能说到“实业教育”。他说：实业教育，是代表资本主义的。你们中国，竟公然喊出职业教育，我们惭愧了。他老人家大发议论了：中日两国，有真正亲善的必要。像现在，表面高唱亲善，骨子里哪里是这回事。转下来，大骂日本一班年轻小子。他大声说：照他们这样干法，结果，只有同归于尽。他大哭了，且哭且说：我老了，看不见了。黄先生，你还年轻（其时我四十岁），你们定须大大地努力，挽回你我两国的劫运。这一段记录，写入我当时东南洋考察笔记。这种书，在流亡生活中早不在手头，仅默写些大意。三十年来，天翻地覆，回想！回想！不能不感叹手岛老人的先见和热肠。

我感觉这一个日本工农学校，生气蓬勃得很。

冈野进有告日本国民书，结语是：立刻停止战争，打倒军部，打倒战争政府，建立人民政府，建立和平自由的日本。

沿着学校所靠的山坡，向右行，在近宝塔之下，石壁上刻大字，虽已模糊，仿佛是“老子胸中有数万甲兵”这几个字。分三行，高约有十丈。传闻延安城是宋朝范仲淹筑以防西夏的。闻尚存地方志一部，不知是府志，还是县志？惜无暇考查一下地方掌故。

归途，同车浦化人夫妇，我已认不得。化人自言三十余年前，他曾由我的手考入上海浦东中学，说了许多许多故事，我还能隐约记得。化人后来服务司法多年，曾任最高法院院长，现在延安长住招待盟军。

午后，走访若干老友，陈绍禹、吴玉章……绍禹在养病中。

我和冷遹两人同毛泽东畅谈到两点多钟。把紧要的语句，就我所记忆到的，写在下边：

中共作风，到民纪三十一那年转变的。那时觉悟到过去种种错误，错误在中了主观主义、宗派主义、党八股的毒。

当了中国共产党党员，没有看见中国，看见的只是书架上马克思主义等书。

中国的贫农，他们要求的是什么？要求让他们种田。他们情愿缴租，苦的是租太重。至于自己有田，当然是很好，但是第二步的希望。所以我们提倡减租。不反对田主收租，如果减租，可以保租。

我们也不反对债主取息，但须减息。如果减息，可以保息。因为贫民正要借钱应他们急需的缘故。

我们很愿意向老百姓学习。

我们很愿意使仅有书本知识的人，回到实际工作中去。

我们自称知识阶级，实则工农分子的知识，有时倒比我们多一点。

在共产党里，只想消灭别的党，简直和在别的党里，只想消灭共产党，一样的错误。这就是宗派主义的毒。我才是正宗，我以外都要不得。

毛泽东还说：我并没有其他资格，我只是一个师范学校毕业生。我说：我只觉你所讲的，都是教育学说上的要点。二三十年以前，提倡的新教育，不就是讲实际知识么？不就是讲尊重人类本能和个性么？不就是讲适应人生需要么？我总觉真理只有一条路，不会歧出的。

我们的正式谈话，今天是第三天了。再到毛泽东家，作一个结束，毛泽东就慎重地分送我们一份谈话记录。第一部分，是中共和我们共同的意见，也就是我们来延安以前预定的主张。第二部分，是中共对中央的建议。

把这份建议，很充分明确地对我一一说明。末了，毛泽东从席上十分庄敬地起立嘱我们归去时务须向蒋委员长多多道谢，给我们难得的机会，有诸位到延安，使我们听到许多平时不易听到的话，增加了不少了解。并祝蒋委员长健康。

正式谈话就此结束。

当夜，军司令部公宴，为我们饯行。高级将领都作陪。我和朱德、周恩来等六人同席。有一段谈话很有趣味。

鼎鼎大名的各位高级将领，外面没有见过的，总以为个个都是了不得的猛将，说不尽的多么可怕。哪里知道天天见面谈笑，真是古人所说“如坐春风中”，这一点太出我们意外了。——我说。

他们答复了：我们这班人到底年纪都是五十上下了。过去的经验也不少了。不知不觉中在那里起变化。加上近年来大家有些新认识，也是促成我们改变态度的一种因素。这几句话，真觉得够使我们深一层更深一层地寻味。

公宴毕，邀我们观剧。在致词答词以后，特演一出《三打祝家庄》，是旧式的平剧，而特别添上若干部分的新资料。祝太公家一群司账、门公，见钱伸手便要，做事一塌糊涂，对主人一味献媚，对田户欺压骄横，无所不为，弄得田户怨气冲天。宋江等一大群梁山男女，打进祝家庄，就得这一般农民的助力。一面救出七位弟兄，一面还高呼解放。

我哪里会批评戏剧，我就是有一种认识，今天谈艺术，只有能深入民间的，合居第一位。顾曲的周郎[①]赞叹了，而无法博取民众同情，贡献哪能算大？像这剧，我确信是一种利器。

在男女老少一千多群众极度兴奋之下闭幕，已快到夜半一时了。

到寓所，稍稍收拾行李，快快睡下，鸡已在唱了。

五日　（星期四）　晴

在邻鸡乱唱声中，急忙起身。中共诸位朋友，很好意地坚留我们多住几天；毛泽东正式留我们多住一天。我们本无所谓，就是回程的飞机，约定今天从重庆开来的。而褚老先生在第二三天身体感觉不适，到底年纪较大，天空的飞行，长日的奔走谈话，是很伤精神的。还是决定早回去吧！但到今天他老人家身体倒又恢复健康了。

今天是在延安的末了半天。这个清晨，我可忙了。我有一种怪脾气，欢喜在百忙中干完多量的工作，而又绝对不许马虎。这是我母我师的遗教，越是结束，越要做得地道。这是关于人生品格和福泽的。这当然是一种老辈的说法，但我从小很深刻地印在我脑海。

四点钟起身，预计在这两个钟头之内，要做完以下几件事：

写一封信寄给重庆我的夫人姚维钧，把前天所作一首七律附去。闻重庆、延安间邮信很难到达，我要试一试。并且这是我和维钧结婚以后第一封信，在延安发，做一个特殊的纪念。（这封

---

① 顾曲，欣赏音乐、戏曲。周郎，三国吴国名将周瑜，精音乐。

信终于在7月25日那天收到，特补记一下。）

这里去兰州较近，再写一封信寄兰州，给我的妹子和我的女儿。

中共朋友说：如有上海去信，可以设法递到的。第三封信，寄给上海陈陶遗等几位老友。

还有一件事，要替亡友邹韬奋写一篇一周年的纪念文。韬奋是去年7月24日那天在上海过去的。好几位朋友要我写一篇留在这里。这也是自发的情感逼迫着我，觉得不能不做的文章。就做吧！在枕上先想过一下，提起笔来写。

韬奋逝世一周年哀词

呜呼！韬奋，人人为他的理想而奋斗，君之生命遂因奋斗而牺牲。不牺牲于沙场之炮火，乃牺牲于流浪的生活与黑浊的气氛。不是东西南北的奔波，君或未至于病，病亦或未至于死，而君竟以是捐生。

呜呼！韬奋，君而有知，倘犹忆五年以前之巴州，张家花园之寓楼，一灯如豆，百端悲涕，我欲留君而不得，从此生离死别，一瞑千秋。

写至此，我哭了。接下去：

呜呼！韬奋，只留下一副又香又洁的骸骨，问何年得正首丘？今日者，距君之死，岁星忽焉其一周，君身何在？君魂何归？而我乃飘然为延安之游。犹得见君之名于书店，犹得见君之少子嘉骝。此一年来，提及君名，辄为哽咽。呜呼韬奋，被君称为知己之我，乃仅仅报君以热泪之双流。——

我大哭了。一面还接着写：

呼天不闻，呼君不应，此寂寞之人生，欲解脱其何由。

写至此，崩崩地在敲房门了。我急喊：请隔壁坐三分钟，就来。赶快接下去：

虽然，死者已矣，凡我后死，忍忘天职之未酬！今日者，暴敌行将就歼，国事亦将就轨。胜利！胜利！民主！民主！君所大声疾呼者，虽不获见于生前，终将实现于生后。呜呼！韬奋，呜呼！韬奋，死而有知，其又何求。

急急忙忙地开门，到隔壁一室，许多朋友来了。差不多除了天天来的朋友以外，加上周扬、张仲实、张宗麟、柳湜、汪雨湘等等。若干位名字已不及记。坐下话别。

有人说：中共还在试验一件事，开会太多了。时间费得越多，效能越少。正在极力归并，集中，减少。

这里标语已经减到极少极少。觉得消耗了物力，毫无作用，徒然使人讨厌。

陈学昭陪我去买纪念品了。我所定买物的标准是能代表地方特殊性的土产。学昭陪我买了几种食品、儿童玩具，还替我奔走兑换货币。所买到的，最得意的是黏土模型的一匹白马，一陕北妇女骑坐在上边，服装形态，完全是当地模样，不折不扣。据说是一位大学教授太太的杰作，可爱得很。也是响应政府提倡公教人员家庭工艺的一种表现。学昭还赠我白玉水盂一座，同样地可贵。

飞机到了。提早午餐，匆匆上机场，毛泽东、朱德、周恩来和在这里天天见面或见过一次两次面的老朋友新朋友，几乎没有一个不在场，热闹极了。我所抱歉的，招待我们的许多新朋友，不及普遍记录他们的大名，但这情意是没有一位敢忘掉的。同行六人一个个握手道谢，依次登机。转眼间，只见地上一大堆人，越来越小，小到像蚂蚁一般。和我们最后分别的，到底是山头整整齐齐几百千个窑洞。我们应牢牢记住：在这几百千个窑洞中间的，才是真正延安老百姓。

下午4时左右，冒着倾盆大雨，飞下了重庆。褚老先生安然无恙。夫人维钧早在观音岩等着了。

在延安仅仅九十五小时，为的是接洽团结问题，并不是为了视察，如果是视察，这短短时间当然不够；单看延安市，也不够；就论延安市，我所看到，也不过一个角落罢了。同行六人各有各的接触，上文所记，也不过是我个人所见到、所听到的是了。

有一回，毛泽东问我感想怎样？我答：

我生六十多年，耳闻的不说，所亲眼看到的，真所谓“其兴也勃焉”、“其亡也忽焉”，一人，一家，一团体，一地方，乃至一国，不少单位都没有能跳出这周期率的支配力。大凡初时聚精会神，没有一事不用心，没有一人不卖力，也许那时艰难困苦，只有从万死中觅取一生。既而环境渐渐好转了，精神也就渐渐放下了。有的因为历时长久，自然地惰性发作，由少数演为多数，到风气养成，虽有大力，无法扭转，并且无法补救。也有为了区域一步步扩大了，它的扩大，有的出于自然发展，有的为功业欲所驱使，强求发展，到干部人才渐见竭蹶、艰于应付的时候，环境倒越加复杂起来了，控制力不免趋于薄弱了。一部历史，“政怠宦成”的也有，“人亡政息”的也有，“求荣取辱”的也有。总之没有能跳出这周期率。中共诸君从过去到现在，我略略了解的了。就是希望找出一条新路，来跳出这个周期率的支配。

毛泽东答：我们已经找到新路，我们能跳出这周期率。这条新路，就是民主。只有让人民来监督政府，政府才不敢松懈。只有人人起来负责，才不会人亡政息。

我想：这话是对的。只有大政方针决之于公众，个人功业欲才不会发生。只有把每一地方的事，公之于每一地方的人，才能使地地得人，人人得事。用民主来打破这个周期率，怕是有效的。

延安五日中间所看到的，当然是距离我理想相当近的。我自己也明白，因为他们现时所走的路线，不求好听好看，切实寻觅民众的痛苦，寻觅实际知识，从事实际工作，这都是我们多年的主张，也曾经小小地试验过，如果没有政权和军权，当然一切都说不上，路线倒是相同的。我认为中共有这些表现，并没有奇异。集中这一大群有才有能的文人武人，来整理这一片不算小也不算大的地方，当然会有良好的贡献。我认为中共朋友最可宝贵的精神，倒是不断地要好，不断地求进步，这种精神充分发挥出来，前途希望是无限的。至于方针定后，他们执行比较切实有效，就为组织力强，人人受过训练的缘故。

也许有人怀疑着：这样，中共不是开倒车了么？说这句话的人，也许就是中了洋八股党八股的毒，像毛泽东所指斥的。我想不妨先请他把中共的整风文献研究一下，再说。

我常想：做人必须自己立定脚跟，切不可倚墙傍壁，人家说好，就是好，说坏，就是坏。且必须服从真理，也许好之中有坏，坏之中有好，不宜有成见，必须真真切切地查明它的存在。可是，不要单听人家怎样说，还得看人家怎样做。

三、诗

自重庆之延安

飞下延安城外山，
万家陶穴白云间。
相忘鸡犬闻声里，
小试旌旗变色还。
自昔边功成后乐，
（延安城宋范仲淹筑以防西夏者。）
即今铃语诉时艰。

鄜州月色巴山雨，
奈此苍生空泪潸。

延安去

(一)

欢送！欢送！
左一起，右一起，在探听他们行踪。
都祝这一行成功。
问成功有望么？有！有！
团结，杀敌，民主，建国，
理同，心同。
谁都不为谁，
为的是可爱的国家，可恨的敌人，和可怜的民众。

(二)

“只要于国家有益，都可以商谈。”
我相信是从真诚和理智发出的诺言。
“中间人，公道话，原来最难讨得双方的喜欢。”
“辛苦！辛苦！”
这是给我们一时亲切的鼓励和慰安。

（三）

“我不是中国人。
可是，
定要促成中国的团结、民主、和平。
我还可以卖力，跟过去一样的多，
只须双方愿意地对我。”
这样好呀——盟邦助我，
是他们自发的友谊吗？
不。是八九年千千万万人血的成果。
虽然，我的事，不能让我自家来解决么？

（四）

七十三的高龄，
为了心头的责任，褚先生说：
“走一遭算什么！这老命还得一拼。”
七个人签订了，
突然飞来一信：
病！
王先生说：“我的体格，向把野蛮自命。
不行！不行！”
“还打算勉强地一行，
又怕病传染着，
于事无益，而反有损。”

好比出征临阵，
忽然缺了一员将领。

（五）

我们是自动的，
不受任何方面的嘱托。
是超然的，
不受任何名义的拘束。
我们说话只有坦白，
行动只有勇敢和正直。
我们不是第三者，
不是调人，
不是中证。
若问我们的使命，
只是良心的使命。
若问我们的身份，
倒是一分子主人翁的身份。

（六）

“洋八股一文不值，
党八股更万要不得。”
“打倒主观主义，
宗派主义。”

"我们回到实际工作里。"

"我们向老百姓学习。"

"不反对取租，
但须减租。
不反对取息，
但须减息。"
这是民纪三十四年7月，
来去延安五日，
亲听得明明白白。
最大的要求是什么？
是民主，是团结。
一致地这般说。

忆念吾父黄炎培

黄大能

吾父黄炎培，字任之（1878—1965），到今年12月21日，离开我们将有十六年了。吾父曾因在乡间办学校，反对科举，反对封建，为此几被清廷所杀，亡命日本。1906年他加入刚成立的同盟会，投入了辛亥革命。接着又参加了倒袁运动。他一生从事职业教育事业和爱国民主活动，在中间路线几经碰壁后，终于认清了只有全面接受中国共产党的领导才能挽救中华民族于水深火热之中。于是投身解放区，参加新政协，晚年做了多年党领导下的人民的官和人民的代表。

作为他的子女之一，忆念他的生前形象，他的言行举止，他对我的长期思想熏陶，现在把留在我脑海中比较深刻的片断回忆，记录下来。

毕生从事职业教育事业

我的中学生时代，正是父亲提倡职业教育的全盛时期。他把我从美国教会办的贵族化的上海沪江大学附中转移到他所创办的平民化的中华职业学校来。这个学校以“敬业乐群”为校训，以“双手万能”为校徽。提倡手脑并用，注重实践，并有严格的校规。男学生剃光头，穿蓝色工服，接受着中等专业技术训练。父亲多次告诫我：要在社会上成为一个真正有用之才，必须从中等学校就开始接受专业训练。以后，即使你没有机会接受高等教育，也可以在工作岗位上发挥你的专长。

吾父任江苏省教育会常任调查干事时，以上海申报旅行记者身份走遍皖、赣、浙、鲁、冀诸省进行考察。目睹教育与生活，生活与劳动严重脱节的现象，“君子劳心，小人劳力”的毒素蔓延。1915年吾父报聘美国商团，参加游美实业团担任编辑报道。旅美三月归后曾云：“观其职业教育之成绩，益觉我国教育之亟宜改革。”于是先在江苏省教育会内附设职业教育研究会，提出沟通教育与职业的主张。又赴菲律宾考察，得到许多华侨的拥护。终于在1917年发起成立中华职业教育社。在成立的宣言书上签名的有当时南北前辈名流蔡元培、蒋梦麟、马良、严修、伍廷芳、张元济、郭秉文、聂云台、宋汉章、穆藕初等，还包括许多教育和实业界人士。提出最终目标是“使无业者有业，使有业者乐业”。主张当时教育政策的大改革。为了通过实践证明其主张的正确。翌年就创设了中华职业学校。当时设有铁工、木工、纽扣、珐琅各科及附设各种工场，以适应当时国内的急需。以后改设了机械科、土木科、商科等。由于学校充分发挥了勤劳朴素和手脑并用精神，又由于得到当时我国新兴民族资产阶级的密切合作，中华职业学校各科毕业生都得到社会各界的欢迎，竞相邀聘。记得我在1934年中华职业学校高中土木科毕业后，和若干同学被派赴湖南衡阳粤汉铁路株韶段工程局实习。中华职业学校规定毕业后实习一年成绩优良才发证书，而我们这几个毕业生都有出色成绩，都得到十分好评。我在短短一年时间内描绘及设计了大小桥涵图纸百余张，主管总工程师评以不亚大学毕业生。这当然和在校时接受刻苦并且实用的教育分不开的。虽然以后我又入大学，又出国进修，而抚今追昔，实乃奠基于中华职业学校高中土木科的三年就学。

中华职业教育社成立后受到各方重视。海外有南洋华侨（特别是陈嘉庚先生），国内有新兴民族资产阶级（特别是纺织界巨子聂云台、徐静仁、穆恕再、穆藕初、刘柏生等）慷慨捐赠，经费不虞匮乏。因此早在1922年就在北京政府的新学制中确立了相当于初中和高中的职业教育地位。当时职业教育已成为一时风尚。

中华职业教育社从创办开始到1949年全国解放为止的

三十二年中，除上海中华职业学校先后培育了七千余名毕业生外，还办有重庆中华职业学校，上海和重庆中华工商专科学校，南京女子职业传习所，镇江女子职业学校，四川灌县都江实用职业学校，昆明中华业余中学，上海比乐中学，并联合地方实业界人士合办了各类职业学校，还在上海办过七个职业补习学校。为了指导青年就学和介绍就业，从1934年起，在上海又办起一个职业指导所，以后在重庆、桂林、昆明都办了起来。1926年在昆山徐公桥成立乡村改进实验区，进行文化教育工作。八一三以后，职教社在川、滇成立分社或办事处，都设有学校或工厂。中华职业教育社先后出版有一百二十多种书刊。其中《教育与职业》期刊连续出版三十多年之久。邹韬奋同志主编的《生活周刊》也曾是职教社所办的刊物。以后还出版过《国讯》、《展望》等进步期刊。

与中华职业教育社有一定联系的是1924年吾父另又创设了一个专门搜集、整理、分类、保管政治、经济、文化、学术资料的组织。因创设之年岁次甲子，故称“甲子社”。1931年改称“人文社”。我父曾说：“这些工作，原该政府主办，但民国以来，军阀割据，内战不息，中央政令不出都门，哪里会想到办这些赔钱的事。所以只能由我们百姓来担当。”确实，甲子社成立后为了筹措经费，煞费苦心。正临绝境之际，幸得叶鸿英先生1932年慨捐五十万元（当时合黄金万两）作为办社基金，于是改名“鸿英图书馆”。这个组织1930年起出版《人文月刊》前后八年，共出八十册。到1935年止，藏书64802册，图表219幅，报纸49种，选辑各种史料达100多万件，杂志日报的要目索引达15万多片。

吾父提倡职业教育中曾遭国民党政府多次打击，1927年北伐军到上海，江苏省教育会被封闭，财产被清算没收，职教社和中华职业学校都被暴徒捣乱。吾父被扣“学阀”之名，与军阀一起在被打倒并通缉之列。吾父于是再度亡命，去苏联未成而走大连。留下的职教社的工作幸得江问渔、杨卫玉几位志同道合的战友苦撑维持。然而当时职教社已誉满中外，国民党虽然忌恨，也无可奈何。职教社在这内忧外患的恶劣环境中，度过了八年抗日战争和三年解放战争，始终不曾停止活动。在重庆活动中，还得到中共组织的支持。我们敬爱的周恩来总理以及董必武、邓颖超等同志常与吾父接触。周总理还曾为《国讯》写过文章，并于1940年在职教社举办的“星期讲座”上作过国内外形势的报告，当时轰动了山城。

中华职业教育社就是这样维持到全国解放，获得新生。到1949年止，全国联系的社员已达3万之多。上海雁荡路还有自建的社屋。新中国成立后，北京、上海、昆明等地继续进行各种教育活动，创办了北京函授师范学校和中华函授学校。

1957年，在北京举行立社四十周年纪念。敬爱的周总理参加了纪念会，并作了重要讲话。

参加辛亥革命

吾父生于上海浦东川沙县。二十岁左右时，血气方刚（1901年生我大哥，取名方刚），虽曾乡试中举，却决计跨上新文化教育岗位。先曾在上海南洋公学（今交通大学前身）特班就学。在老师蔡元培的影响下，增强了办学校以唤醒民众扫除愚盲的决心。于是1903年在川沙县和几个朋友一起办起小学堂来，标榜要反对封建统治用新教育来救中国。正课以外，到处请人演说。宣传清廷腐败，外国侵略面临国破家亡，宣传吸鸦片、赌钱、女子缠足都是亡国弱种的勾当等等。听者人山人海，触痛清廷。在6月间的一次新场镇的演讲会上，被地方痞棍密告南汇知县戴运寅，以毁谤皇太后、皇上的罪名，把吾父及顾次英（号仲修）、张志鹤（号伯初）、张尚思（号恂九）四人拘捕起来，当作革命党，报请两江总督魏光焘、江苏巡抚恩寿批准就地正法。就在批文到达前一小时，这四个青年被上海基督教洋人总牧师所保释，而吾父和顾、张两难友在同情者的资助下一起亡命日本了。

其实那时国内还没有什么革命组织。同盟会是1905年成立的，吾父亡命日本一年归来，因事过境迁，未再追究，于是又在乡间办起了学校。其中著名的是上海浦东中学，它是由建筑工人起家的杨斯盛先生毁家兴学先后捐银二十四万两所创建的。

1905年7月，吾父应蔡元培老师之招到他家里。蔡告以："现在爱国志士集中于中国革命同盟会。同盟会是孙中山先生领导的兴中会，黄克强先生领导的华兴会和无政府主义派连同其他革命人士结合起来的，你愿意加入否？"父答："刀下余生，只求于国有益，一切唯师命。"于是以"驱除鞑虏，恢复中华，建立民国，平均地权"为誓言而正式成为中国革命同盟会会员，以后吾父接蔡任同盟会上海干事，保管党员名册。曾招待过路的革命领袖廖仲恺等。孙中山先生当时亦曾坐法国兵舰过沪，从船上招往相见，但错过机会未遇。吾父与中山先生的亲切谈话，是在辛亥革命以后。孙先生卸脱政权在沪闭门写《孙文学说》之时，忽招吾父畅谈"知难行易"的道理。当时宋庆龄先生亦在座，并共餐。

辛亥革命前夕，吾父受江苏苏南各县公推到苏州劝江苏巡抚程德全起义。江苏和平光复后，程德全为江苏都督，吾父即留在苏州工作。接着程德全率军攻下南京，驱走清廷走狗张勋。1911年11月14日，程德全、黄兴等集合各地民军代表在沪召开全国共和联合大会。会场就设在江苏省教育会内。该次会议公电孙中山回国主持大政，公举黄兴为大元帅，黎元洪为副元帅，国名定为中华民国。黄兴等还建议以红、黄、蓝、白、黑五色国旗象征汉、满、蒙、回、藏五族共和。

江苏省教育会的前身是1905年成立的江苏学务总会，是由吾父和沈恩孚（信卿）、姚文枏（子让）、袁希涛（观澜）、杨廷栋（翼之）等发起成立的。当时推张謇为会长。这个虽属民间的教育性组织，由于这些人的威望和影响，逐渐成为不仅在江苏而且为全国的教育领导中心。吾父当时通过对全省大部县份的调查，对全省教育设置作了通盘安排。特别由于他发起成立了一个教育经费管理组织，划出几种省税作为教育专款而使江苏省的教育当时得以在全国领先发展。辛亥革命后，吾父在江苏都督府负责教育科的两年内，曾创建、改建及扩建了省立二十四所高等和中等学校以及大量县立小学。当时南京东南大学（后改中央大学）、暨南大学（后吸收侨资，迁沪）、河海工程学校、江苏蚕桑学校等都是该一时期先后成立的，吾父这些活动也为以后办职业教育打下了基础。

从九一八、一·二八到八一三

从1931年九一八日帝入侵我东北，1932年一·二八上海淞沪十九路军抗日战争到1937年七七事变后的八一三上海抗日战争爆发，正是我十五岁到二十一岁在沪高中到大学的青年时代。两次战火都在我身边燃烧。而吾父对我的言传身教，给我深深地灌输了抗日救亡的爱国主义思想。

九一八东北沦亡，蒋介石的不抵抗主义遭到全国人民的怒斥。学生救亡运动席卷全国。我在中华职业学校求学时期是走读生。办墙报、演话剧、沿街募捐支援东北义勇军，常常深夜回家。吾父平时家教极严，子女晚归常遭训斥，而这一时期一反常规，竟然慰勉有加。

特别不能忘记的是，在一·二八淞沪战役中，为了支援十九路军抗日，我们全家男女老少在父亲带领下曾连续几个晚上制作丝绵背心送往前线。原来吾父该时已发起成立了上海市民地方维持会（以后改称上海市地方协会）与十九路军蒋光鼐、蔡廷锴和以后的第五军张治中将军等取得联系，宣传动员上海市民供应军需物资、筹募捐款。1937年八一三抗战期间，上海地方协会在战区救济、救护、推动民族工业内迁以及慰劳、募捐等方面也做了不少工作。

还有一件难以忘怀的事是1935年一二·九学生运动时，我在复旦大学参加上海各大学学生组成的赴南京请愿团要求蒋政权出兵抗日。学生队伍冲破军警层层阻拦，到达北火车站僵持。当晚我父竟和我母深夜亲来车站慰问。在朦胧月色的站台上，父母对我谆谆嘱勉，吾父在我耳边低声说："胆要大而心要细，要勇敢而有策略。"

早在1931年春，吾父偕江问渔先生等到日本考察教育。当时已发现日本反华战备气氛极浓，在乡军人十分活跃，并曾购得三本充分暴露日本军阀侵华计划的书。归后带着"日本即将侵我的预感"，多方奔告。到南京找到外交部长王正廷时，王竟大笑，说："如果黄某知道日本要打我，日本还不打哩！如果日本真要打我，黄某岂能知道？"直到同年九一八事变爆发，再到南京面诘王正廷时，恰逢抗日请愿学生冲入外交部。王因会见吾父而不及躲避，乃被殴伤。吾父在日记上大书"活该！"这也说明蒋政权对日是蓄意不抵抗的。

延安归来

1945年6月，吾父在重庆任国民参政员期间，曾与褚辅成一起推动几位参政员联名致电延安党中央毛主席，吾6月22日得回电欢迎他们访问延安商谈国事。于是，父偕同褚辅成、冷遹、左舜生、傅斯年、章伯钧等从7月1日至5日从重庆飞延安访问了五天。这个短短的五天，却成为吾父一生中的重大转折点。当时抗战已入末期，胜利在望，而国共合作，由于蒋政权的种种破坏，几濒破裂。常驻重庆的周恩来同志也已回到延安。吾父只是抱着促进国共在和谐气氛中恢复商谈，召开国大实施宪政的心愿而去，却从解放区铁一般的事实中认识了真理。

蒋政权在大后方曾制造大量诽谤解放区的谣言。吾父一回重庆，在极短时间内写成《延安归来》一书，用日记方式详细记载了亲眼目睹的中国共产党施政政策和解放区的成就，给各种荒唐谣言以当头一棒。这本薄薄七十四页的小册子，在当时大后方和港、沪敌占区产生了巨大的政治影响。国民党原有严厉的书报出版审查制度以扼杀进步言论，而这本书拒不送审竟突击出版发行。出版当天，特务四出搜禁，以为必定是重庆《新华日报》出版，却不料是中华职业教育社《国讯》书店出版发行。待到查明，早已销售一空。以后并在上海沦陷区翻印，前后共达十几万册。这不能不触怒国民党而造成以后特务在重庆张家花园菁园吾父居处抄家搜查的暴行。

延安访问时间虽短。吾父有机会认识了大部分党中央领导同志和高级将领。特别是有机会和毛泽东主席多次促膝长谈。这里有两段从《延安归来》中摘录的文字记载，反映了吾父在延安的见闻和当时的政治态度。

吾父曾在延安欢迎大会上发言：

……

第二目的想来看看延安。我们来到这里，还只有一天半，当然不够资格说什么话，不过就我所看到的，没有一寸土是荒着的，也没有一个人好像在闲荡。有一位朋友告诉我，政府对于每个老百姓的生命和生活好像都负责的，这句话做到，在政治上更没有其他问题了……

另有与毛主席问答的一段：

有一回，毛泽东问我感想怎样？

我答："我生六十多年，耳闻的不说，所亲眼看到的，真所谓'其兴也勃焉'、'其亡也忽焉'，一人，一家，一团体，一地方，乃至一国，不少单位都没有能跳出这周期率的支配力。大凡初时聚精会神，没有一事不用心，没有一人不卖力，也许那时艰难困苦，只有从万死中觅取一生。既而环境渐渐好转了，精神也就渐渐放下了。有的因为历时长久，自然地惰性发作，由少数演为多数，到风气养成，虽有大力，无法扭转，并且无法补救。也有为了区域一步步扩大了，它的扩大，有的出于自然发展，有的为功业欲所驱使，强求发展。到干部人才渐见竭蹶、艰于应付的时候，环境倒越加复杂起来了，控制力不免趋于薄弱了。一部历史，'政怠宦成'的也有，'人亡政息'的也有，'求荣取辱'的也有。总之没有能跳出这周期率。中共诸君从过去到现在，我略略了解的了。就是希望找出一条新路，来跳出这个周期率的支配。"毛泽东答：我们已经找到新路，我们能跳出这周期率。这条新路，就是民主。只有让人民来监督政府，政府才不敢松懈。只有人人起来负责，才不会人亡政息。我想：这话是对的。只有大政方针决之于公众，个人功业欲才不会发生。只有把每一地方的事，公之于每一地方的人，才能使地地得人，人人得事。用民主来打破这个周期率，怕是有效的。

以上这段对话，即使从三十五年后的目前政治形势来看，也还是值得回味和警惕的。

1940年12月，吾父和张君劢、左舜生、梁漱溟等发起成立“中国民主政团同盟”，以后改称“中国民主同盟”。在民盟早期历史上，由于成员十分复杂，在国共两党间实际上走的是中间偏右路线。成员中，张君劢的国社党、左舜生的青年党最后都投降了蒋介石。职教社当时是作为一派参加了的。吾父1945年7月延安归来，模糊思想逐渐澄清，乃于同年12月与胡厥文、章乃器、杨卫玉等联合以工商界人士为主另外成立了“民主建国会”。以后的行动，虽仍没有离开中间路线，想在国共之间做调人，达到和平、团结、民主、建国的目的，但立场有所转变。在一次又一次的事实教育面前，终于找到了中国共产党指引的正确的道路。

吾父一生从事职业教育事业，希图造福公众，但在艰苦复杂的境遇中，走尽了曲折的道路。他在真挚的爱国主义思想驱使下，热情投入了抗日救亡运动和民主运动中。终于认识到，救国的出路只有一条，就是紧跟中国共产党，打败蒋介石，建设社会主义。

从坚拒做官到做人民的官

我们做子女的，从小都有一个深刻印象：父亲一向拒绝做官。然而1949年中华人民共和国成立了，我在大连工作时，从报上竟然看到吾父出任中央人民政府政务院副总理兼轻工业部部长的职务，异常纳闷。1950年到北京公干，一见吾父，我就问起：“一生拒不做官，凭地年过七十而做起官来了？”父亲然后详告周恩来总理向他动员经过，父亲最后并严肃地向我道：“以往坚拒做官是不愿入污泥，今天是中国共产党领导下的人民政府，我做的是人民的官呵！”吾父自1954年被选为全国人民代表大会代表，并任人大常委会副委员长，直到1965年病故。

我自幼就多次听说，民国初年，袁世凯和以后的北洋政府曾两次电招吾父去北京担任教育总长，吾父都坚辞不就。袁世凯曾无可奈何地给了他八个字："与官不做，遇事生风。"这八个字其实也完全适用于吾父对待蒋介石的态度上。

1927年蒋介石一登台，先是通缉吾父，称吾父为"学阀"，逼吾父又一次出亡。年后悄悄回来，卖文为生，闭门读书三年。然而以后蒋的态度忽变，改迫害为拉拢，前后有过多次，或封官许愿，许以特权，或提携后代，予以优待，都被吾父一一婉拒。值得一提的是1946—1947年间蒋介石对他最后的拉拢。

抗战胜利以后，吾父代表民盟，与其他民主人士一起作为第三方面在国共间调停内战。蒋介石撕毁旧政协决议，凶相毕露，仗其美帝提供的优势军备，企图一举先在东北侵占解放区。在蒋管区，1946年6月，南京下关上海和平呼吁代表被殴在先，7月，昆明李公朴、闻一多被害在后，形势十分紧张。蒋介石威胁利诱，一再通过他人企图拉吾父"下海"参加伪国大，脱离民盟。吾父曾坚决表示：（1）不能同意于不统一、不团结之下通过宪法，此是不通之路；（2）我不能与人共走不通之路；（3）欲我脱离民盟，不能自毁人格。为了表明心迹，曾在上海赴南京请愿代表聚会上出示题为《吾心》的近作七律一首：

老叩吾心矩或违，十年回首只无衣。立身不管人推挽，铄口宁愁众是非。渊静被驱鱼忍逝，巢空犹恋燕知归。谁仁谁暴终须问，那许西山托采薇。

事情未完。1947年国共和谈全面破裂。3月，中共代表自南京撤退，调解彻底失败。3月18日，蒋介石入侵延安，得意忘形，执意单独召开伪国大。这时，青年、民社两党已投降蒋介石，全国大捕民盟盟员。10月7日盟员杜斌丞被害于西安。南京民盟办事处被警察包围。蒋政权宣布民盟为非法团体，更大规模的逮捕即将到来。11月初，吾父在沪奉民盟中央之派与叶笃义同志到南京交涉。该时我在南京资源委员会工作，盟务活动已转入地下（我于1946年在父兄影响下加入民盟）。父宿我家，得以与他彻夜谈心。翌日同游玄武湖。父即景写下一诗，足以表明他当时的心情。

玄武湖秋感三绝

1947年11月2日南京

黄花心事有谁知，傲尽风霜两鬓丝。争羡湖园秋色好，万千凉叶正辞枝。

红黄设色补寒苔，点缀秋光枉费才。毕竟冰霜谁耐得，青松园角后凋材。

那有秋纨怨弃遗，金风尽尔鼓寒漪。谁从草际怜生意，百万虫儿绝命时。

经过那次谈判，在调停内战彻底绝望形势下，民盟总部在沪领导成员决议，总部领导总辞职。当发言人叶笃义在向楼下新闻记者和布满特务的群众宣布时，眼眶中满含着泪水。此后，部分民盟领导转移香港，盟务活动则全部转入地下。吾父亦不得不在地下党协助下，立即转移解放区。我的二哥，民盟兼民建成员黄竞武却在上海解放前夕被蒋介石逮捕惨杀。血的教训更教育了我的父亲。

后　记

吾父出身于一个贫苦没落的知识分子家庭。祖父仕道失意，郁郁早死。吾父十三丧母，十七失父。兄妹三人依靠外婆家长大。早期人生哲学来自“民吾同胞，物吾与也”。把同类尽视为兄弟，把异类尽称为“吾与”。他怀着造福公众的理想，在旧社会中不做官，不要钱，所以深得许多华侨富商的信任，他六下南洋，得到侨商捐以巨款办起教育事业。他尽管性情急躁，“矫矫不群”，然终因能洁身自爱和待人以诚，得到相当一批同志的爱戴。

吾父教育我做一个正直的人，勤恳的人。他给我的座右铭，今天看来似仍有适当价值。兹抄录如下：

理必求真，事必求是，言必守信，行必踏实。

事闲勿荒，事繁勿慌，有言必信，无欲则刚。

和若春风，肃若秋霜，取象于钱，外圆内方。

1984年3月

《黄炎培日记》后记

黄方毅

四年前我手捧刚出版的父亲日记，心中格外激动，唤起了儿时留下的“书斗记忆”：父亲每晚都要从书斗中取出日记，伏案记下，又随手放回书斗中，随他生活二十年几乎天天如此。他对日记珍视有加，历年日记都摆放在书桌椅子背后随手可拿的黑色硬木书斗中，书斗可装可卸，装起来是书柜，卸下则是书箱，几个书斗跟随了他一生。从1911年，一直记到1965年12月他去世之前的几天，共计五十四载光阴。

父亲是值得研究的人物。

他是教育家，1902年仅24岁的他改建川沙小学堂，后办开群女学、广明小学、广明师范，1906年创立后来誉满全国的浦东中学，辛亥革命后陆续创办改办南京高师、东南大学（南京大学前身）、暨南大学、上海商科大（上海财大前身）、河海工程学院、同济大学、厦门大学等，1917年创立中华职业教育社。

父亲是在20世纪中叶先被蒋介石推崇，后由毛泽东亲定的我国民族工商业领袖与代表。

父亲是政治与社会活动家，1905年即入同监会后投身辛亥革命，民国时两拒不任政府教育总长，抗战中创建民盟与民建，建国时出任政务院副总理。

父亲是著有几十部著作、两千首诗篇的学者。他的诗词和书法获得包括毛泽东在内多方人士好评。

尤被人不时提起的是，1945年父亲在延安与毛泽东的周期率对话，现广为传诵。

父亲所写日记，起笔于辛亥革命前夕的晚清，止笔于“文革”前夜，历经数个时代，其间虽政权更迭，但父亲善良正直之秉性未变，爱国为民之初衷未变，与时俱进之精神未变，这是《黄炎培日记》予人深刻的印象。其次，从民国初年起，凡有名望的教育、社会、政治等各界人士，其名字几乎都先后一一出现在父亲日记中，足见父亲涉事之多，涉世之深，涉人之广，从而反映了其日记之历史价值。父亲从1949年起开始与毛泽东通信，毛泽东亲笔致函父亲六十封，竟占解放后其写出信函总数的近三十分之一。

1958年已届八旬逐渐淡出现实政治的父亲计划撰写八十万字人生回忆《八十年来》，但在“文革”前夕环境下此愿望未得全部实现，仅成文八万字。今天在多方共同努力下，在2008年出版父亲日记1911—1949年部分的基础上，又将其1950—1965年部分出版，从而将父亲五十四年日记全部出齐，这不仅圆了父亲生前的愿望，也是对我国当代史研究的重要贡献。当前，领导人出版回忆录或日记已成风气，而开国老辈之中鲜有回忆或日记出版，《黄炎培日记》的出版或弥补这一空白。因而，无论于史、于家、于国，都堪称功德无量，有其历史与现实的意义。在此我谨代表父亲在世的子女黄素回、黄当时、黄丁年、黄钢，代表第三代黄孟复、黄鲁淳、黄观鸿、黄后乐、张孔来、林永华、王实方等，向多年推动此事的中华职教社张榕明理事长、陈广庆总干事，向花费数年整理的近代史研究所朱宗震（已故）等数位老研究人员，向在两部分黄日记中都投入了巨大精力的华文出版社责编方明亮等，致以衷心的感谢。《黄炎培日记》与黄的名字将永昭青史，有谢你们。

2012年7月18日

《黄炎培诗集》前记

黄方毅

父亲黄炎培，1878年出生，1965年底去世，上海浦东人。1903年25岁的父亲即创办川沙小学，后开办了当时著名的浦东中学，又陆续创办改办南京高师、东南大学（南大前身）、暨南大学、上海商科大（上海财大前身）、河海工程大学、同济大学、厦门大学等大学，1917年开创了我国职业教育，是被毛泽东称为“我老师（徐特立）的老师”的教育家。父亲又是在20世纪前半叶，先被蒋介石推崇，后由毛泽东亲定的我国民族工商业的领袖与代表。父亲还是辛亥革命元老，两拒不任北洋政府教育总长，20世纪40年代创建民盟与民建两个政党并首任其主席（主委），1949年由周恩来两度来家邀请出任开国时政务院副总理的政治与社会活动家。父亲也是著作等身的学者，至1947年，他已出版了五十余部书籍，几百篇文章。除此之外或有所不知的是，父亲还是诗作颇丰的诗人，据粗略统计，他一生作诗词联等近三千首。

父亲生前共出版过四部诗集：《苞桑集》《天长集》《白桑》《红桑》。

然而父亲一生所著的诗词歌赋远不止这些，有许多诗词并未收集在上述他出版的诗集中，而散见于他的日记和报刊上，经我翻阅父亲日记，发现其数量极多。虽然并非一生专事写诗词，但父亲对诗词可谓情有独钟，从小即有偏好，他自己说：小时候“入人家的书斋，见有诗集，必乱翻，必借阅。十四岁时，秦介侯师锡圭指示我，学诗须从整饬凝炼下手，到后来，功夫纯熟，转入自然”，“后来，走上了奇艰极险的世路，家国的忧危，身世的悲哀，越积越丰富，越激烈，情感涌发，无所宣泄，一齐写入诗里来”。在20世纪50年代他70余岁了，同事友人来谈毕工作，常有友人向他索讨新近写就的诗作，有时谈毕工作后父亲自己微笑着说：“咱们先公后‘诗’吧！”拿出了他新写的诗篇与友人共赏，这情景我见过几回。而他与我母亲姚维钧的相识相恋，更可谓以词会友，以诗生情，诗词成为二人传递情感的最得力载体。解放后我家住在西单南安儿胡同，在四合院里葡萄架下，父母二人经常坐在藤椅上谈诗品诗，或唱和起来，乃为父母之间的最大乐趣所在，至今保存在我儿时的记忆里。

在新中国成立之前，父亲的诗以及他的诗人身份，伴随着他的教育与社会活动家身份，是很为人知、很有名气的。

1987年民建中央和中华职教社纪念黄炎培诞辰110周年之际，特委托中国文史出版社出版了《黄炎培诗集》，收集了父亲在上述几部诗集中的诗词，请赵朴初老人题写书名。然而正如该书题记所言，“黄先生还有一些诗散见于报刊及日记，搜集不易；拾遗补缺，只好俟之异日”。

值得庆幸的是2008年《黄炎培日记1911—1949年》获得出版，其中父亲早年撰写的大量诗作首次面世。粗略地统计，仅这38年的日记中未发表在上述几部诗集里的诗词楹联就有千首之多，从而大大激发了我将父亲所写诗词楹联搜集、编辑，从而出版较完整的《黄炎培诗集》的愿望。

在编辑父亲的这些诗词时，与他共同生活20年的我不时地被他的诗词所激发、所引导。或悲或喜，或乐或怒，竟不时地又被带回几十年前的岁月。如那首后被毛泽东讨去，写于他拒不参加“国大”，民盟被迫解散，赋闲在家而卖文为生时的《五斗歌》：

潇明不为五斗折腰来作官，我乃肯为五斗折腰来作书。作官作书有何殊，但问意义之有无。作官不以福民乃殃民，此等官僚害人孙。如我作书言言皆己出。读我诗篇，喜怒哀乐情洋溢。读我文章，嬉笑怒骂可愈头风疾。有些写格言，使人资警惕。我今定卖一联一幅一扇米五斗，和人身与心，非徒糊我口。还有一言，诸君惊焉。非我高抬身价人前，无奈法币不值钱。

又如他1945年访问延安时所写《韬奋逝世一周年哀词》：

鸣呼！韬奋，人人为他的理想而奋斗，君之生命遂因奋斗而牺牲。不牺牲于沙场之炮火，乃牺牲于流浪的生活与黑浊的气氛。不是东西南北的奔波，君或未至于病，病亦或未至于死，而君竟以是捐生。

鸣呼！韬奋，君而有知，倘犹忆五年以前之巴州，张家花园之寓楼，一灯如豆，百端悲涕，我欲留君而不得，从此生离死别，一瞑千秋。

鸣呼！韬奋，只留下一副又香又洁的骸骨，问何年得正首丘？今日者，距君之死，岁星忽焉其一周，君身何在？君魂何归？而我仍飘然为延安之游。犹得见君之名于书店，犹得见君之少子嘉骝。此一年来，提及君名，辄为哽噎。鸣呼韬奋，被君称为知己之我，仍仅仅报君以热泪双流。

呼天不闻，呼君不名，此寂寞之人生，欲解脱其何由。

虽然，死者已矣，凡我死后，忍忘天职之未酬！今日者，暴敌行将就歼，国事亦将就轨。虽不获见于生前，终将实现于生后。鸣呼！韬奋，鸣呼！韬奋，死而有知，其又何求。

爱憎分明，文情并茂，这就是黄炎培的诗。

除了一般诗词，黄炎培日记中充满了大量的楹联。有写给当时的名人，有写给亲朋好友，也有不少是写给普通布衣人士。许多挽联不仅充满哀情，而且是对其一生恰如其分的总结与评价，如对他师长辈好友张謇的挽联：

物则铁棉，地则江淮，盖其自任天下之重如此；

着眼远处，着手近处，凡在后生，宜知勉矣！

早岁文章，晚岁经济，所谓不作第二人想非耶；

孰弗我有，孰是我有，晚而大觉，尚何撼乎？

四川民生船运老板卢作孚是父亲的老友，早年20余岁身无分文的卢游访到上海，天天晚上蹲在父亲办的书店里阅读从而被父亲注意，二人结识。父亲介绍他去免费上学或工作均被婉拒，他要求知，要考察研究父亲的事业，几次深谈后成为至交。卢回川后效仿父亲办起通俗教育馆，而后开发北碚地区，创办民生船运公司，取得骄人业绩，并曾赴沪特邀父亲来川考察。抗战初期民生船运在长江上抢运物资与人员，演出了壮烈的中国“敦刻尔克”大撤退，举世震惊。1952年卢死于非命，父亲为卢写下长长的哀词，感天动地：

呜呼作孚！

君为一大事而死乎！

君应为一大事而生，
君以穷书生乎无寸金，
乃大集有钱者之钱，
以创“民生”。
辛辛苦苦了卅年，
长江几千里，
内河几十道，
平时载客载货，
战时运械运兵。
责在人先，
利居人后！
有罪归我，
有功归人。
奇艰大诽集中于君之一身，
君为何来？
为的是国家，
为的是人民。
终得黑暗中眼见光明，
眼见全大陆的解放，
眼见大中华的复兴，
还运最后的奇谋。
七大艨艟，
完璧归赵，

而不居功，

而不求名。

呜呼作孚！

君其安眠吧！

君实为此大事而生。

作孚！作孚！

我是君卅年之老友。

我以爱君敬君之故，

曾历访君早年事迹于北碚，

于泸州，

于少城。

又曾多次为“民生”乘客，

实地察君所经营之事物，

所识拔所训练之人。

识君之才，

知君之心。

呜呼作孚！

今乃以词以哀君之生平。

君其安眠罢！

几十百年后，

有欲之君者，

其问诸水滨。

中华人民共和国人民政府成立第三年
1952年3月14日君既殁三十六天

还值得一题的是父亲写给我们的家训：

题家中壁：

毋忘孤苦出身，看诸儿绕膝相依，已较我少年有福；
切莫奢华过分，听到处向隅而泣，试问你独乐何心？

父亲主张，诗词必须能唱。他对于填写歌词尤有兴趣。他的堂侄是上世纪著名的作曲家黄自，他与黄自曾有约，由他填词由黄自谱曲，合作著歌。可惜后来黄自英年早逝。在此选一首父亲为中华职业教育社开办的中华工商专科学校（大学）创作的校歌《满江红》：

千里长江，下巴峡，东归淞沪凯歌里，重新创造。间关辛苦，赤手能从平地起，苍生休被吾徒误。要读书救国两无荒，文兼武。

寻真理，在何处？离群众，有谁与？听良知命令，是非清楚。物我一诚通万有，工商实用非虚语。倘专科大学挂空名，终何补！

作为编者的我，在勉为其难地编辑这些诗词之外，限于本人诗词造诣之浅薄，就难以再给父亲的诗词以更多的高水准专业性评论了。然而好在父亲的几部诗集出版之时均有序言。这些序言有的是父亲之自序，还有两篇出自我母亲姚维钧之手，另有一篇是老友江问渔所写。这些序言或题记，都对黄诗做了相当准确和深刻的介绍与评论，既专业又到位，读后对黄诗的理解大为加深。所以如此，恐怕一方面是他们绝非一般地知悉黄的经历、黄的为人、黄的性格；另一方面他们对于黄诗词的熟悉程度，他们本人的诗词造诣，远非我辈所能比拟。尤其是我母亲姚维钧，黄姚相恋靠通信，通信之中的点睛之作则是诗词。黄姚互赠诗作成为了二人相识相恋，及至婚后生活的重要内容，父亲曾在写给毛泽东的《苞桑集后诗存》中称母亲为自己的“吟侣”。确实，就父亲的诗词而言，母亲是最有资格来评论的。另外作为国民参政员和中华职教社曾经的二号人物，与父亲相交几十年，不乏文才诗作的江问渔先生当然也颇具资格谈论黄诗。在父亲的《苞桑集》序言中江先生评论黄诗写道：“思力沉厚，趣味隽永，音调铿锵。写景能体物入微，剪裁精妙。抒情能一唱三叹，意味深长。用思则神识超越，一空拘滞。用笔则流转爽利，左右逢源。且时有奇句警语，令人读之神移心动。其为古体长篇，则浑涵汪洋，千汇万状。律诗绝句，更是笔势遒峭，不落恒蹊。殆真能取唐宋诸家之长而自成一种新制者。”江对黄诗的评论可谓达到极致。有了他们当年序言中的介绍与评论，读者足可知之大端。因而本人毫不犹豫将当年黄诗出版时的各篇序言题记集合起来置于本诗集之首。而此篇文字，仅通过以上文字对出版此部诗集的背景与初衷做了番交代。

在此部《黄炎培诗集》正在编辑阶段之际，《黄炎培日记1950—1965》也即将出版，于是如获至宝，在日记上找到了父亲在解放后的诗词并选择几十首增补到此诗集中来。人老了精力渐衰，也反映到父亲的诗上，难比其三四十年代所作的激情四射的诗篇，当然所以至此也不乏政治环境所致。但值得一提的是父亲1965年12月去世前半年，也是有记载的他一生最后所作诗，诗名乃称“无题”。

请看此诗：

无 题

1965.3.8

真诚悔改又何求，昨日之口永不留。
双捧赤心输党国，雪端百札自千秋。

行文至此，谨抄附父亲写于1947年的咏竹诗来结束此文。

心虚而有容，
骨清而非脆。
节以成其坚，
箭以蓄其锐。
青青上进姿，
与君共寒岁。

收笔之前，尤要感谢在整理此书过程中支持与帮助我的人们，感谢人民出版社，谨表示我由衷的谢意！

2012年12月18日

黄氏四顾信阳

黄方毅

我的父亲黄炎培（1878—1965），上海浦东人。父亲长年从事办学，被毛泽东称作“我老师的老师”（毛泽东老师徐特立曾是父亲所办江苏省教育会特班学生），参与创办浦东中学，扩建重建暨南大学、南京高师、东南大学、同济大学、上海财大、河海工程大学、厦门大学等，1917年父亲从美、日等国引进开创了我国的职业教育。父亲又是先被蒋介石，后由毛泽东推崇的我国民族工商业领袖，被称作“老板的老板”，系父亲第二重身份。父亲还是政治与社会活动家，辛亥年间既为同盟会上海地区负责人，又是作为地方自治中枢的社会组织江苏省教育会、江苏省咨议局、上海工巡捐局等社会组织的重要成员，抗战中父亲先后创建民盟与民建两个政党并任其主席（主委）。父亲又是著作等身的学者兼诗人，其1947年所写《吾文目》记录几十年中已有著作52部，发表文章七百余篇，诗集四部。

从1965年年底去八宝山公墓安放父亲遗骨开始至今五十年中，我去的最多的地方除了居住的家和上班的单位以外，居然就是这八宝山。父亲1965年底去世遗骨安放此地之后，1968年初来此送别不堪受辱而撒手人寰的母亲姚维钧；此后尤其“文革”之后又先后数十趟来此，送别一个个与我有直接间接关系的老人或亲友。每到这苍松翠柏环绕、肃穆静谧之地，哀乐声中，总是一次次地升华着我对先人的念想。国人爱国，系于同族。家人爱家，系于同宗。我中华民族文字记载之始祖乃为尧舜禹，而于我之黄家，始祖是谁，如何发源开基，又如何演变迁移？这些问题经常盘念在心。近些年来先后查阅了多部书籍，包括《黄炎培在浦东》（红旗出版社1995年第一版）、《浦东老地名》（上海社会科学院出版社2007年第一版）、荆楚传媒网上金亮《长湖岸边吊黄歇》及大宋姓氏研究会所编《姓氏来源》等终于有所获知。

于是，一篇寻根故事开始了。

一、三千多年前首顾：始建黄国

据《史记》记载，大约在公元前22世纪左右即帝舜时代，东夷部落首领伯益助大禹治水有功，且“佐舜调驯鸟兽，鸟兽多驯服”，被舜赐姓嬴氏。伯益后裔有十支：徐氏、郯氏、莒氏、终黎氏、运奄氏、菟裘氏、将梁氏、江氏、修鱼氏、白冥氏、蜚廉氏、秦氏、赵氏和黄氏，合称嬴姓十四氏。而其中黄氏大约在商末周初的公元前11世纪，在今河南信阳潢川建立了黄国。周朝封其为子爵，故又称黄子国。春秋时期，南方楚国称霸，而只有黄国和随国不买楚国的账与之抗衡。据《春秋》记载，公元前704年，诸侯各国应楚子之约会于沈鹿，唯“黄、随不会”。公元前648年楚成王时代，黄国拒不向楚国贡献，受楚责问不予理睬，同时错误地以为黄国距楚地九百里之遥，没有危险，因而对楚不设防，该年夏天被楚所灭。亡国后黄国子孙即以黄为姓，大部分南逃至今湖北境内。今湖北黄冈、黄安、黄陂、黄梅等地均因黄人居住而得名。

另一说则认为黄氏是陆终后人。据悉《黄氏大宗谱》中记载陆终之长子昆吾之子高为黄氏一世祖。唐人林宝《元和姓纂》也称：“黄，陆终之后，受封于黄，为楚所灭，以国为氏。”宋朝郑樵在《通志·氏族略》中说：“黄氏，嬴姓，陆终之后，受封于黄，今光州定城西十二里的黄国故城，在楚与国也，僖十二年为楚所灭，子孙以国为氏。”陆终乃是何人？据《史记·秦本纪》等记载，伯益是颛顼之玄孙，陆终也是颛顼之玄孙。可见，伯益与陆终均为帝颛顼后代，二人出于同一祖先，因而伯益或陆终之中谁是黄氏始祖已不重要。关于黄国故城，文物工作者已有明确考证。挖掘出的黄国遗址在今天潢川县西北6公里处的淮河南岸、小黄河西岸。旧址呈长方形，南北长约1500米，东西宽约1300米，周长约2.8公里，城墙系黄土夯筑而成，高约3至5米，虽经几千年风雨，但四面城墙仍在。城西是一群古墓，挖出过许多青铜器。城内遍布春秋文化遗迹，鼎足、鬲足、瓦当、箭头等到处可见。黄国青铜器黄太子伯克盘、黄父盘、黄群盘、叔单鼎等曾被郭沫若收录于其所著《两周金文辞大系图录考释》。据悉1978年潢川又收集到一批青铜器，其中有的器皿上刻有“黄孙须子白亚臣”，铭文中“黄孙”即黄国公侯，“须子”即须劲子，是白亚臣的称号。由此证明，古代黄国在今日潢川应确属无疑。

此为黄氏宗族第一次生活于此。可谓中原大地，烟尘滚滚，金戈铁马，浩浩荡荡。民族之始，家族之先。黄氏家族，源于豫南。

二、两千多年前二顾：受封此地

黄国之后黄氏先祖中最值得一提的是战国时期楚国春申君黄歇。黄歇世代贵族，出生于战国晚期，生年不详，据本人推算应在公元前310年左右，死于公元前238年，估算活了七十岁左右，在古代绝对算是长寿。

黄歇少年时代正是秦国大举入侵，楚国国破家亡之时。秦军在著名将领白起率领下先占据了楚国陪都鄢郢，又攻克楚国西部屏障西陵，最后夺取了楚国都城郢都（纪南城）。楚怀王被秦国诱骗客死他乡，秦军一路烧杀抢掠，百姓苦不堪言。少年黄歇目睹山河破碎的悲惨情景，义愤填膺，立志复兴家国。少年的他随楚国的王公贵族迁至临时国都陈郢即今河南陈县，他四处求师，刻苦学习，饱读经书，又健身强体，操练武功，几年后练就了能言善辩、智慧过人的一身本领。楚国顷襄王开始起用黄歇，派他作为外交使臣出使秦国，屡建功业。公元前277年，秦军占领楚国汉水流域，准备联合韩国与魏国乘胜追击，共同伐楚。当时楚顷襄王资历尚浅，眼看楚国又将面临生灵涂炭，民众又要陷入水深火热，在此危亡时刻黄歇挺身而出，不顾安危，只身赴秦，上书秦昭王曰："天下莫强于秦、楚，今闻大王欲伐楚，此犹如两虎相斗，而奴犬受其弊，不如善楚……"云云，洋洋洒洒，入情入理，切中要害，秦昭王读后深为叹服。而黄歇能言善辩，一书退秦军的事迹也在楚传为美谈。时楚顷襄王授黄歇左徒一职。

公元前272年，楚国逐渐扭转丢失纪南城及汉水流域后的颓势，开始复兴，成为与秦、齐、魏、赵、韩、燕并列的战国七雄之一。楚王派将领景阳为帅，佯攻燕国而实袭魏国得手。出于国家利益考虑，楚决定与秦结盟，从而派太子熊完赴秦做人质。黄歇此时已任太傅，受命随太子来到秦都咸阳城，黄歇在秦广交朋友，以自身才学人品赢得秦国贵族好感，尤与秦国相国范雎结为至交。公元前263年，楚顷襄王病危，派人赴秦欲召回太子，秦王不允。黄歇此刻非常清楚，若太子不归而楚王驾崩，楚国必内乱而另拥他人为王。关键之时，黄歇设计让太子装扮成车夫随楚国差人混过了秦楚交界之函谷关回到楚国，之后主动求见秦王报告太子已归："太子已归，歇当死，愿赐死。"黄歇大义凛然，愿为国捐躯，他的行动更感动了秦国众臣。秦王听后大怒，当堂令黄自尽，但范雎进言："黄歇身为人臣，出身可以徇其主，太子熊完回楚继位后，必定重用黄歇，不如以无罪放黄歇回去，以表示秦对楚是友善的。"秦王接受了相国建议，不但未杀黄，且待之以大礼，欢送黄归国。黄歇又一次以自己的大智大勇，拯救了国家。

公元前262年，太子熊完继位，号考烈王，任命黄歇为令尹即相国，且封他为春申君，赐予封地即当初黄国所在地今潢川、固始等（金亮文则称赐黄歇淮北十二县，而潢川等在淮南）。这也是黄国被灭，黄氏迁出此地数百年之后再返旧地，豫南大地从而第二次成为黄氏故地，此次可谓衣锦还乡，光宗耀祖。

任相国后，黄歇满腔激情，广纳贤才，辅王爱民，报效国家。黄歇来到潢川这昔日的黄氏故地，百感交集，这里地处楚国边塞，土地肥沃，民众安居，昔日的黄氏先人们曾以为可以关起门来自给自足而无求于人，以为天高皇帝远而可以闹独立，故拒向楚国上贡，从而遭灭国之灾，今日我接受了此地会不会也招嫌受忌，会不会也遭先人同样的下场？何况楚国基业未丰，若楚国的这片肥沃之地收入我黄氏手中，国家不是受损失么！经营潢川、固始等黄国旧地十余年也思虑多年后，公元前247年，黄歇毅然选择放弃，将此封地全部献回楚王。潢川等地民众怀念春申君，潢川城更名为春申镇一直沿用到清代。黄氏先人放弃封地的历史或许感召了黄氏后人，1953年前后，时任共和国开国副总理的父亲一家十几口人居住在现已被拆毁的北京西单南大街安儿胡同1号院数间狭小房子里，国务院机关事务管理局上报中央，毛泽东、周恩来特批给父亲在圆恩寺新建了西式三层独栋洋楼庭院，父母犹豫经年后选择不搬，仍住旧宅到最后，新宅后来先后成为国家副主席或中共政治局常委住宅。

三、两千年前三顾：遭灭门避难

黄歇出任相国受封春申君后，以一己之智慧才识、贤明宽厚，不断地博得天下人心，声望愈加升隆，各地人才投奔，黄门之下食客三千，与齐国孟尝君、魏国信陵君、赵国平原君并称为战国四君子，甚至声势居于其他三位之上。齐国孟尝君耳闻春申君之实力，初时不甚相信，派人去打探虚实。耳目来到春申君府，看见春申君门下食客举止优雅，谈吐不凡，且衣着出众，鞋上也镶有玛瑙珠宝，回去禀报，孟尝君方为折服。当然，并非所有的有才之人春申君都予接纳，他选人尤重人品道德，后来做了秦国丞相的李斯曾欲投春申君门下，黄歇见其人权欲过重而拒之门外。黄歇发现学者荀卿即荀子为人正直，品正才高，于是果断收至门下，并拜其为兰陵令，遂成就了荀子一番事业。

黄歇建立了一系列功业。

公元前257年，秦国围赵都邯郸，赵国平原君夫人捧书赴魏求救，但十万魏军慑于秦军而不敢进军，赵人毛遂向赵王自荐赴楚，与平原君为友的黄歇说服楚王，携景阳将军率楚军救赵，于是楚魏联军攻秦，秦军败退。为酬谢春申君，赵王封以灵丘。

公元前256年，春申君率楚军攻灭了鲁国，将其山东曲阜等地占据，并为楚版图。

出于国家安全考虑，春申君动员楚王迁都，将国都由陈郢迁至安徽寿春县。

黄歇所建功业中尤值一提的是开凿春申江即黄浦江。

公元前247年，楚考烈王鉴于黄歇的一系列功劳又主动献回封地，重新封他以长江东部地区，吴国故地废都苏州等地。黄在这里实现了他人生最重大的抱负。

黄歇初到江东，发现这里地处平原，土地肥沃，适宜种庄稼，只是和我国广大区域一样，受制于不是旱就是涝的水患之害。于是正如几千年后马克思所指出的那样，亚细亚即东方社会中治国即治水。聪明的黄歇紧紧抓住治水这一主线，施展他的治国理念。他首先率人攀上今浙江湖州安吉县龙王山，开江挖河，引水下山。又对娄江、吴淞江等年久失修的河流进行疏浚。在资金和技术极其缺乏的条件下，黄歇学习当年大禹治水的精神，以身作则，亲临现场，甚至在江边铺草搭窝，安营扎寨，与修河民工一起，同吃同住同奋战。民众亲见这位不图个人安逸、一心为民谋福的领袖，深受感染，群情激昂，家家户户倾巢而出，自备干粮，携带工具，奋战在浦江大地上。经过多年的整治和努力，终开凿成后来浩浩荡荡且不再为害四方之大江。为了纪念这位为民造福的春申君黄歇，浦江即被称作黄浦江，或称歇浦江，又名春申江，且在今浦东川沙旧地，至今尚有以春申命名的春申路、春申村、春申塘。上海也由此简称作"申城"，20世纪上半叶上海发行量最大的报纸取名为"申报"。今日，当我从京城返归沪乡故里出差，来到外滩码头，浦江之畔，在汽笛声声、机器隆隆之中，依稀看见当年我们黄家祖先率众奋战浦江之景，依稀看见在滚滚江水之侧人涌如潮，蒙蒙烟雾中，我祖先的那张如我父黄炎培一样紧蹙眉宇、不苟言笑之脸，正在凝视远方，忧国忧民。

然而屡屡成功也渐长了黄歇自以为是的倾向。楚考烈王继位多年后仍无子嗣，春申君十分焦虑，担忧楚君权力承继问题。此时赵国人李园要将其妹李嫣献给楚王作为晋身之阶，但又怕楚王仍不能生育，于是先将李嫣献给黄歇，黄歇上当接纳了她，而后李嫣有了身孕，在李园力促下又献给了考烈王。次年果生一子，遂被立为楚太子。然而，时为王舅的李园极怕黄歇泄露天机，又贪图相国之位，决定除掉黄歇。黄歇的谋士朱英几次提醒黄防备李，最好先下手为强除掉他，但善良的黄却不肯杀李："李园，弱人也，仆又善之，且何至此？"朱英感觉大事不妙，连夜逃走，隐居他乡。不久考烈王驾崩，黄歇赶回都城奔丧，刚进荆门即被刺杀，身首异处，残忍的李园还派人冲进春申君府，对黄家满门抄斩，一代忠臣终成英烈！司马迁在《史记》中为黄歇立传，感叹道："当断不断，反受其乱。"黄歇死后，楚国人民怀念他，其为相二十二载，其间整治官吏，兴修水利，训练军队，扩充疆土，为民造福，为国奉献，把楚国引领到富民强国的道路上。春申君本人也一直为国人敬仰，成为万人仰慕的忠臣化身。在今日湖北荆门市沙洋县后港镇，距楚国当年都城纪南城东部30里处，至今有以春申君名字命名的黄歇村，镇上的严仓墓群，相传即是当年春申君黄歇之墓（见中国三楚传媒网记者王清华文），也有说是黄歇的衣冠冢（金亮文），因为当时此地已沦为秦国疆土，作为楚国相国的春申君不可能落葬在敌国疆域。这座坐落在沙洋县后港镇长湖岸边的无论是黄歇墓冢或衣冠冢，大气雄浑，气势磅礴，高为12米，直径65米。登上冢顶眺望四周，北倚岗岭，南临藻湖，东为湖汉，西是刘湾，确是三面环水，风光瑰丽的风水宝地。荆门州志记载道："黄歇冢即春申君墓，在州东南一百二十里处，每逢晴天，冢上烟光岚岚，冢下有祭祀台。"黄歇死后到底葬在何处？如果荆门后港之墓仅为黄歇衣冠冢，那他真正的墓地则应在浙江湖州安吉县龙王山上，相传黄歇死后葬在那里，那里建有今人为春申君新立的墓碑，山峦之上，高高耸立。无论是在浦江两岸，还是在湖北、在浙江，民众都永远不会忘记为他们做过好事的人！

黄歇被灭门后，幸免于难的余族分散各地，其中一支又一次北上，来到潢川、固始等先辈耕耘过的故地，又在中原大地上繁衍，此为黄氏第三次光临此地，当然此非衣锦还乡，而是悲愤而返，逃难回乡。

四、四十年前四顾："文革"发落此

1965年年底我父黄炎培去世。

1966年夏"文革"爆发，当时我甫入大学还未读满一年。运动开始不久我即遭批判。次年，我母亲姚维钧惨遭造反派侮辱毒打，1968年1月含冤而去。

1969年11月3日奉中央令，我所在外贸学院（今对外经贸大学）全校迁至河南信阳地区固始县。在信阳下火车后，坐上无帐篷的罗马尼亚进口的普切齐卡车，在坑洼不平的公路上足足行了五六个小时。沿途所至，五里店、罗山、光山，尤最邻近固始的潢川，一片开阔丘陵。大别山下，初冬时节，庄稼已收，树叶尽落，唯有稀稀落落之苍松，点缀着黄土中原，一派灰色朦胧，更加突显肃穆之气，这令我回想起八宝山。凛冽寒风中，第一次迁离长年生活之地的我，愈加思乡念家，想念之前年余诀别的母亲。我穿着母亲临终前让裁缝给我们缝制的蓝布棉大衣，那是母亲预感到我们迟早会离开北京上山下乡，预感到她不久要撒手人寰而为尚在学校的我们最后备上棉衣棉裤棉大衣等全套的下乡"行头"，做了母亲最后能做的事。那时坐在卡车上，迎面寒风扑来，刺脸削面，身穿母亲留下的棉服，心中一阵感念，开始了之后在固始一年的生活。早出工与晚收工都披星戴月，扛着铁锹铁铲，排着队，唱着革命歌曲。每天十余小时与老乡们一起挖固始的南干渠，与老乡干长了慢慢熟起来，歇工之时老乡们讲述起20世纪50年代末60年代初大饥荒年代的可怕情景……一幕幕悲情场景，伴随着乡亲们滚滚而下的泪水，让我受到真正的“再教育”。这些，尤其与那让我感觉既生又熟的中原大地古老氛围融在一起，了记我心。这些“再教育”催发着我，后来逐渐走上了经济研究之路，改革开放初年即远赴大洋彼岸求学。而几十年后的今天，当我从尘封的历史故堆中获知这片土地正是我们黄氏祖先故土，这片土地上的先人正是我们黄氏家族有文字记载的先贤始祖圣地，我心为之感动！冲动！激动！四十多年前足迹所踏竟然是始祖圣地，手中所挖居然是先贤圣土，能不为之震撼？！是历史巧遇还是祖先感召：潢川潢川，黄家之川；固始固始，黄祖宗始。几千年前有文字记载的黄氏始祖生长于斯，而且作为黄炎培之前的黄氏家族中最为显赫之祖的战国春申君黄歇受封于斯又回献楚王，还有黄歇遇害后黄氏族人再次避难于斯，“文革”灾难中我又被发落于斯，几千年中经历了岁月更迭时光变迁。

作为黄氏后人之我读到家族先人的这段历史，不禁扼腕，长叹不已！基因同一，代代相传，父亲黄炎培的执着奉献、无私无畏原来是源于我黄氏先人，两千多年前春申君领人掘江治水成黄浦江，前辈炎培则率众修建上海至浦东的上川铁路。祖先开江，后辈建路。祖先为公，后辈为众。祖先善良，后辈仁慈。黄氏先人先天下之忧而忧，后天下之乐而乐之心绪，造就了父亲黄炎培的怜天忧人、忧国忧民的情结，甚至祖先的单纯易信的性格，也多少遗传到后辈黄炎培身上。及至他晚年，我们看到的他那张饱经风霜、布满皱纹的苍老脸孔上的双眼，却是那么纯真，那么无邪，甚至可称之为单纯，与他那张老年脸孔不相匹配，简直像是少年儿童之晶莹透澈的瞳眸，让人能一眼望透，看到眼底，望到心灵。虽然父亲表情也常处于收紧的严肃状，两眉紧皱，不苟言笑，此时看他双目，确是威严凛凛，威武不屈之势。与另一状态下映射出的纯洁善良、纯真无邪的天性，相辅相成，系同为黄炎培个性的两个侧面。善良而威武，仁慈又庄严，这是黄家儿孙们均不失陌生的黄炎培的形象，而我本人也在考证我家祖辈家史的过程中，似找到了父亲黄炎培个性的渊源所在，解开了从我童年起就深深扎入我心灵的那张父亲的脸庞、父亲的表情所透出的情结所系。真可谓：始有其祖，乃有其后。先有春申君，后有黄炎培。家族民族，代代相传。

五、从黄歇到黄炎培

故事可以到此结束了，但在此不妨再介绍一些黄歇至父亲黄炎培之间的黄家史。

黄氏家谱的确切记录始于北宋末年，据其记载，距今八九百年的北宋年间，正是父亲黄炎培之上二十七代之黄氏祖先，名黄元一，字彦。黄元一地处中原的京城汴梁（今河南开封市），据推算极可能是作为黄歇后人迁移至此。

公元1125年，金国灭辽，国势大盛，起兵攻宋，两路进发，直逼都城汴京。当时北宋皇帝宋徽宗赵佶昏庸无能，当了二十五年皇帝无所作为。此时听说金军来犯，乱了方寸，赶忙传位给太子赵桓，即宋钦宗，自命为太上皇，以“烧香”为借口，逃到南方镇江。宋钦宗赵桓继位后改年号为靖康，但同样懦弱无能，畏敌如虎。赵桓一方面起用主战的大将李纲保卫汴京，另一方面又派使者前往金营求和，割让大片土地，赔赠大批财宝，金军方同意北撤。金兵退后局势得到暂时缓解，但朝廷中的投降派以为自己得计便猖狂起来，大肆活动，劝说钦宗罢免了名将李纲统军之职，太上皇赵佶也重返汴京，又过起声色犬马的生活。但好景不长，次年即1126年秋天，金兵再次来犯，同样两路军马合围汴京。失去战将李纲的宋兵军中无帅，军心不振，年轻无才的钦宗指挥无方，用兵失误，不久京城即落敌手，北宋徽宗、钦宗两代皇帝均被金兵俘获，押往遥远的五国城（今黑龙江依兰）囚禁，北宋灭亡。二帝被俘后，宋朝亲王只剩徽宗第九子、钦宗之弟康王赵构，待金军退后，1127年赵构辗转到当时的南京（今河南商丘）即位，改年号为建炎，建立南宋，是为宋高宗，同年10月将国都迁往江苏扬州。

黄元一自康王赵构任亲王开始长年追随左右，任其贴身侍卫。金兵进犯汴京后，北方氏族大批南迁，康王也南逃，黄元一一直紧随左右，至赵构即位做了皇帝，又随其迁到扬州。这时黄元一已生有五个儿子，其中三子从汴京南逃路过淮安时失散，估计已留居当地生活，其他四个儿子随黄元一来到扬州。然而好景不长，建炎三年即1129年，金兵重新南侵，2月金兵逼近扬州，高宗弃都而逃，黄元一夫妻带着所余的四个儿子跟着高宗，夹杂在南逃的人流之中，渡过长江，直至建康（今江苏南京）的句曲（今江苏句容县）安营落户，定居下来。该年5月，高宗致信金兀术完颜宗翰求和，提出和解条件，但为金兀术拒。当年秋天，养精蓄锐之后的金兵大发兵马，要南渡长江。未等敌军杀到，南宋朝廷逃往南方，在逃往越州（今浙江绍兴）途中，被金兵赶到海上，登上海船在温州、台州等今浙江沿海漂流，做了名副其实的海上皇帝。1132年，宋军名将韩世忠率南宋北师与金兵水师会战于黄天荡（今南京市东北方向的长江水道），击败不习水战的金军，从而使南宋得救，宋高宗终在临安（今浙江杭州）建都落定。在这两次逃亡中，黄元一一家损失巨大：长子留在句曲，二子流散湖广，三子早在第一次逃亡中散落淮安，四子黄天祥由姑苏（今苏州）逃到吴江路至崇明岛，今崇明西沙黄家村即是由黄元一之子黄天祥落户后繁衍而成。多年之中黄元一经历朝廷兴衰，近距离地目睹了三代皇帝的腐败与无能，大好河山一块块、一步步地拱手让人，对宋朝、对高宗愈加失去信心，刚正耿直的他再无法忍受昏君，遂向高宗提出辞呈，以年纪渐老为由，卸下皇帝贴身侍卫的要职。之后黄元一带着身边仅剩的五子黄天瑞东迁到江苏嘉定，父子在嘉定滕阳巷隐居下来。滕阳巷后归浦东高桥地区，亦名屯粮巷，相传南宋名将韩世忠在此引兵屯粮而得此名。虽然黄元一放弃官职，从此远离官场，不再荣华，不再富贵，但也落得个平安，落得个稳定。在滕阳巷里盖起了房子，父子相安，勤勉持家，本分度日，最后寿终正寝。黄元一后来被黄氏后人所修造的黄氏宗祠中供奉为黄氏一世祖即始迁祖，记入黄氏家谱。

南宋由高宗赵构始，历经孝宗赵昚、光宗赵惇、宁宗赵扩、度宗赵禥到恭宗赵㬎，从1127年至1275年一百四十八年时间先后五代更替。与此同时，自黄氏一世祖黄元一和儿子黄天瑞父子相携来到滕阳巷定居开始，传递了五代，到1275年为黄氏七世祖黄伯俊。宋恭宗德佑年间，黄伯俊率领全家由滕阳巷迁至高桥清浦古场江东村。

浦东高桥古名清州或清溪，位于黄浦江与长江的汇合处，与吴淞口并称为上海之咽喉，东海岸第一要塞。高桥临江近海，唐代成陆，北宋开始渐有人定居，最初的定居之地便是清浦，称清浦里，也称清浦场或称清浦港。清浦里在高桥北部，一条小浜与直通黄浦江的界浜汇合处，形成丁字形的两条河流和丁字形的三条老街。清浦居民以农耕和捕鱼为主，秉以晒盐、制盐为业。那时高桥东部，长江口以南的第一个盐场就是清浦盐场，当地至今还有盐仓桥。相传南宋初年，黄氏家族祖先黄坤（未知其生年及是黄氏第几代）从清浦去了杭州，在杭州任盐场官，之后黄坤与僧人彦开共同努力，将由苏轼题额的法华寺从杭州移建到高桥清浦。

黄氏七世祖黄伯俊在清浦江东村定居后，逐渐发达，遂建造了黄家楼。黄伯俊生有三子，或由于是新迁户而并非一味留恋本土，因而除长子留在当地外，黄伯俊的二子迁居浙西，三子移居崇明（加上之前黄元一的四子黄天祥，崇明岛上已有两支黄氏血脉）。黄伯俊的长子黄官一字文明，在当时的清溪镇（今高桥镇）镇东修建了黄氏宗祠。在黄氏宗祠里，黄官一供奉黄元一为始迁祖，即封为黄氏一世祖，之后按序排列，其父黄伯俊为黄氏七世祖，黄官一自己则为黄氏八世祖。

黄氏家族在高桥精耕细作，勤于持家，积累财富，逐渐兴旺。传到了黄氏十一世祖即黄官一的曾孙黄升手里，达到高峰。黄升又称黄半海，是一位善于耕织的农学家，掌有清浦古场东西数十里的产业。黄升常教习乡民们耕作、纺织，在镇上德高望重。在黄升等努力传播下，纺织技术在当地迅速扩散，几乎是家家纺纱，户户织布，不少家里都有木质的手工纺纱机和织布机，对当地纺织贡献尤甚，高桥的土布开始风行全国，运往北方的沙船中不少都装载着高桥的土布，以此换回东北的大豆和豆油。此外，当时高桥界浜口处海水倒灌，内溢上岸，泛滥成灾，于是黄升出资，带领乡民修筑海塘数百丈，抵御海水，为此该塘称作黄家湾，在今高东乡一带。

黄氏家族在浦东高桥繁衍生息了几百年，物换星移，朝代更换，从宋到元，从元到明。到了明末神宗朱翊钧万历年间，即16世纪末17世纪初，黄氏十六世祖黄学易与黄学禄兄弟开始迁往浦东川沙高行镇，成为高行黄氏之始。

高行镇是浦东古镇亦浦东一重镇。沿南北咸塘两岸成市，房屋连接，有南、北、中三行（至今留有北行与南行）。高行为何有此命名？一种说法是因地势高而得名。“行”是指交易的墟所与场地。高行即是地势高而形成的集市。另一种说法认为高行即高家行，是北宋高俅子孙迁移而来形成的，是高氏所创之集地，故为高家行，简称高行，相传高俅墓在高行北镇观音堂西首。反对此说者认为，凡修家谱认定祖宗者，一般均是或认先贤，或认皇亲，或认圣人，而不会认平庸者，更不会认奸佞蟊贼为其祖先。多数人均认同此一观点，高行之名与高俅并无关系。

高行自早年开始即是浦东一带人文密集之地，至明朝已人文鼎盛，市场繁荣。清人曹瑛的《高行竹枝词》中说：

沪东首镇歇江东，三里平分南北中。
月旦无人留史笔，不知销没几英雄。

黄氏自明代以来迁居高行之后，或获天时之利，或获地利之便，而前后相继，名人辈出，对家乡对地方多有贡献。据清朝道光时期何士祁总纂之《川沙抚民厅志》记载：明成化七年（1471年）秋，上海县东境遭台风袭击，海潮内溢，死人无数，咸潮浸渍，禾稼尽枯，高行黄氏后人黄祚，字公佑，历来慷慨好义，此时黄祚不仅奋力赈济灾民，且于次年独资捐筑海塘数百丈，以卫田庐，在高东乡沿海一带，该地遂获黄家湾之命名（前有黄元一之孙黄升率众修筑海塘而获黄家湾之称，不知何说确切，或黄氏黄升与黄祚均有此贡献，无论如何黄家湾之命名确为纪念黄氏对地方贡献则为确切无疑事）。黄祚之子黄涔，亦承继父辈美德，乐善好施，在自家辟设书馆，延师授课，教人子弟。黄涔对穷苦人家子弟不仅网开一面，不收脩金，而且供以书纸笔墨，从而深获地方乡人拥敬。

高行黄氏代代从商，至明末时已成富裕大户。清康熙年间，黄家十九世祖黄雪谷在高行南镇砖桥北首高价收购土地，建起宏伟的应岳堂，内有霞起楼，成为当时浦东一景。黄雪谷的五房儿子分别以五岳之松命名。其中四子黄恒松，号古存，为黄氏二十世祖，在苏州经商三十余年获巨富，从而在今南汇新场镇增建惇裕堂等新宅，又建立黄氏新祠，并在高行镇东街陆续修建起春晖堂、酬志堂、遗安堂，乾隆十五年（1750年）又建起卜墨华楼，并在应岳堂北建立其顺堂，在高行镇上建起存仁堂。这些建筑，飞檐翘角，古典雅致，大大增色于高行古镇。在遗安堂大门前置有一对石狮，在酬志堂的花厅中悬有乾隆十三年李澄所撰之漆屏，院中设有石柱、石笋、秀竹，前置假山，设有石狮，院内曲径通幽，是高行“狮子四头看虎丘”之名景。堂侧为墨花楼，其有一楼四室，楼前种竹栽花，凿池叠石，景观高雅，为文人墨客觞咏之所。庭院中花草茂盛，绿树成荫，气氛雅静，为黄氏族人读书处。清道光年间，黄恒松后人黄铭在墨花楼藏书万卷，成为当地文化中心。

黄氏族人中不乏侠义之人。清乾隆四十四年（1779年）间，高行遭受前所未有之天灾，庄稼几乎颗粒无收，黄炎培祖上第二十二代祖（待考）黄云师举家赈灾，倾全力出资救助，致使高行当地无一人饥饿至死，嘉定人钱大昕称黄云师为“笃行君子”。黄云师在高行建有酬志楼，也系文士觞咏之地。黄氏之狭义乃获远近知名，黄氏后人黄锡畴字白受，家境富足，虽为诸生，但不求仕，独好遨游。游到浙江天台山时，天路艰险难行，乡人出行不便，便出资修筑了数十里的山道，天台山民众称之为黄公道，声名大振。

高行黄氏家族中也不乏文苑杰士。清初黄中松，诗书俱佳，著有《书疑辨证》、《诗疑辨证》等。黄中松之子黄烈，字右方，号一斋，童年开始博览群书，其诗文在当地文士中名列冠首，著有《云间文献》等，大受尚书彭其丰赞赏，延揽来做编纂工作，先后达五十余年，被嘉定大家王鸟鸣盛誉为“中流砥柱”。

高行黄氏中从政的也有，最为著名者乃清朝乾隆时期的黄文莲，字芳亭，号星搓，自幼聪颖，九岁已能写诗，初为学者与经学家，被常州名士沈德潜（字归愚）誉为“吴中七子”之一。乾隆十五年（1750年），黄文莲以金山卫学，中庚午举人，步入官途。历任安徽歙县教谕、全椒县教谕、河南泌阳县知县、唐县知县等官职。黄文莲作风朴素，为官清廉，接近民众，吏治清正，断案如神，在泌阳和唐县皆获极佳口碑，民众称黄文莲为“黄青天”。黄文莲在泌阳任满离任之时，当地民众连绵街巷，拦轿挽留，且屡次向朝廷奏请黄文莲回任，因此其在唐县知县任满后，又回任泌阳，然而一年之后劳累过度，卒于任内，于是全县举城哀悼，其灵柩归葬川沙时，当地送葬民众达数里，哭声遍野。黄文莲一生著作甚丰，著有《听雨楼诗稿》《道德经传》《书付盐梅》等经世之作，并为任职之地方主纂《唐县志》和《河间府志》，成为浦东历史上黄炎培之前颇为杰出的政治与文化两个领域的双重名人。

我国自古就有“富不过三代”之说，黄氏家族也难逃厄运。19世纪60年代清朝同治年间太平天国兴起，天国将士打到江苏，打到上海，占领南京，战乱波及浦东一带，高桥镇上黄氏家族陆续修建的应岳堂、酬志堂、其顺堂、存仁堂等古建筑群大多数被战火焚毁。更为可恶的是20世纪30年代日军侵华，1938年日军飞机飞到浦东上空狂轰滥炸，高行镇上所存的黄氏所建古建筑竟悉数被毁，令黄氏家人不忍目睹。昔日高行镇上黄家风光，至20世纪90年代仅存黄雪名墓地及古银杏四株，现存否尚待考。高行的黄氏后人，至20世纪90年代也仅在高行南镇西衔和东沟液压件厂周围尚散存黄姓族人数十家，而历经这二十年的开发后，其去向也尚待考察。

六、家史之启示

辛亥革命之后父亲黄炎培受任江苏省教育司司长，按照他的教育理念，大刀阔斧地在江苏推行他的教育改革，兴建起一批小学、中学、大学。但近三年后，他感同身受的官场习气和作风与自身信奉所差甚远，故坚决辞官，拂袖而去，改而在野但仍旧奔走教育。及至十年之后，北洋政府两度任命父亲为政府教育总长，但父亲均拒不出任。乃至1949年周恩来奉毛泽东令前来我家，力邀父亲出任新中国的政务院副总理，起初也为父所不受，恐多多少少与先祖春申君的遭遇有关。黄诗文中提到了“歇浦”，他从小生活在“春申路”、“春申村”附近，当然知晓黄歇其人。然而有一点父亲似非知晓，即潢川和固始一带乃黄氏故地。抗战之初的1938年3月，撤离上海向内地转移的父亲来到河南潢川，在这先宗故土上停留，可惜并不知晓此地乃其先宗故土。否则黄在潢川留下的诗篇不可能未有提及。

潢川观青年训练

1938. 3. 16

潢川平野贯西东，窈窕双城夹峙中。
三月淮南见残雪，一车郊外听哀鸿。
逃威没地萑符聚，敲骨成年杼柚空。
抗暴扶元谁办得，忍将卫国让汪同。

（《黄炎培诗词》第101页，中国文史出版社1987年版）

我想，如果父亲晓得潢川之地乃先宗故土，肯定要在此诗中感慨一番，或此诗最后一句恐怕会改成“忍将黄国让楚王”了。感谢近几十年的考古新发现，让我辈知晓了更多过去的事。不光是自然科学在发展，社会科学也在发展，考古也在发展。今人不仅在对接未来，同时在对接过去。

“江山代有才人出，各领风骚数百年”，父亲黄炎培饱睹了这一切，目睹了包括黄家自身在内，兴衰交替，荣辱相间，引发着他思考。果然在1945年，68岁的父亲在延安对毛泽东感慨而发：

我生六十多年，耳闻的不说，所亲眼见到的，真所谓“其兴也浡焉，其亡也忽焉”，一人，一家，一团体，一地目，乃至一国，不少单位都没有能跳出这周期率的支配力。大凡初时聚精会神，没有一事不用心，没有一人不卖力，也许那时艰难困苦，只有从万死中觅取一生。既而环境渐渐好转了，精神也就渐渐放下了。有的因为历时长久，自然地惰性发作，由少数演为多数，到风气养成，虽有大力，无法扭转，并且无法补救。也有为了区域一步步扩大了，它的扩大，有的出于自然发展，有的为功业欲所驱使，强求发展，到干部人才渐见竭蹶、艰于应付的时候，环境倒越加复杂起来了，控制力不免趋于薄弱了。一部历史，“政怠宦成”的也有，“人亡政息”的也有，“求荣取辱”的也有。总之没有能跳出这周期率。

历史如此，中国如此，黄家亦如此。

2011年3月

父亲黄炎培与母亲姚维钧的情书故事

黄方毅

父亲的求爱信

父亲向母亲求爱了。

1942年6月14日父亲在信中写道：

此小缄内一切希望你暂勿使第三人知。维钧，我确是很爱敬你，这几个月来太亲切了，人生有这样一种需要。过去有什么苦痛，有什么满意，有所得有所失，必以告夫人，不同处时必函告。今我自然而然以待夫人之礼待君，此语君听了勿怪唐突，勿生气。这一首歌是代表我最近对君的观念，中间火烈烈，平坦坦两句自道尚觉真切。自君和我不断地通信，使我精神更兴奋思想更活泼。维钧，我自信对国家，对民族应当负起重责，而此时远没有尽。君今助我了，今后能继续助我么？“此心白到天堪表”，可以自白（此句现为友人传诵）。维钧，你想我万分热烈而实纯洁的一颗心，不知不觉地输送一切到你身上，恕罪，恕罪！将你的感想复我。

对父亲的求爱表示，母亲是怎样的反应呢？6月25日，母亲复信——

任之老师：

……我不明白怎的，不知不觉中蒙你这般宠爱？感谢任师厚意，赐物已郑重藏起，信中一切读后凝神好久，接着又理智地分析一下。任师：我觉得你现在不能爱我，理由如下：一、你认识我的时间太短，没有观察到我整个的人，将来发现我有许多缺点时，也许会感到不值得爱。二、诚如你所说的“没有见过面”，一个没有见过的人，怎么能够爱？任师：我很客观地为你着想，贡献你这两点，你以为如何？你是否要不满意我的答复？但是，任师！你不要难过，我有一颗和你一样的心。自从有知识以来，都深深地藏在那里，我又自信很爱国，但深恨力薄，没什么贡献国家，只是识得你为国家的救星，你能担负起救中华的重任。你若真的能因我而使你更兴奋，更活泼，为国家尽更多的责任时，那今后你需要我协助的地方，我必尽力助你的。

任师：我和你所处的时代环境中所引起的感想尽相同，而我们努力的出发点亦尽相同。唯吾师的努力，是有理想亦有计划，有计划即能实行，实行后却能收效的。维之所以敬佩吾师到这地步，其中也包含这一点。任师！我自信我只身跑到内地来，是受着爱国心的冲动，到内地后想更努力的正己正人，是目击内地情景使然。任师！我愿追随在你后而共同努力，挽救这危险万分的家。

诗中表现边地情形很真切，吾师爱国爱民之热忱亦时时涌现于行间。其描写社会实况及民生疾苦均很清楚，大有杜甫的作风，能代表一个时代的。我本不敢对吾师作品下评语，只是感觉到这样就这样乱说，尚祈纠正！

母亲的心被打动了，她嘴上未称接受，心上却领受了。父亲写给母亲的是怎样一首歌呢？现抄录如下：

娘子岭下山花一株，白色艳绝。撷其一朵，胜以山红豆数颗，寄赠我所敬爱的维钧学友。而为歌以送之时太平洋战事再度告捷。

你这花儿呀！天生你在碧涧旁，青峰下。很庄严地天然白玉无瑕。我想：你是秉受着天地的精英，人寰的正气，仗你的贞操，年年苦战那雨横风斜。凭你的智谋，时时拒绝那蝶扰蜂哗。你更没有其他良伴，只有那光莹的夜月和清丽的朝霞。我所不解的，在几千里松灌道上，一千五百三十公尺高的娘子关前，百千万亿山花，何止像恒河之沙！当山风向你轻轻地吹拂时，忽然对我起舞，接着向我微笑，霎那间勾起情丝，种下情芽。说你有心呀，你这般奢遮。说你无心呀，你不是傻瓜。你老不睬那阔绰绰的锦衣公子，绣阁娇娃。偏错爱了我穷书生冷落乌纱。惭愧！惭愧！我只认清你香是国香，色是国色，你所象征着的，是光明灿烂的中华。有识得你的，说你是牵牛一族。牛郎呀！我今指红豆为良媒，欢送你趁着七二佳期，去投奔那天孙之家。天孙倘说：弥天浩劫中，我俩忍心享受幸福呢！那便答复天孙：人间天上，几多好消息，满装着太平银汉仙槎。天孙！天孙！幸福要自求的，休倚着七襄机短叹长嗟。

父亲用这首歌，用他的爱国激情，用他钟爱万物的热忱，敲开了母亲的芳心。

此爱绵绵无绝期

与许多相爱中的男女一样，一旦确立了恋爱关系，二人不得不马上面对现实。与当初的主动相反，母亲此时迟疑了。父亲说到他与先夫人育有五男四女、他们与自己年龄相仿时，当听到父亲一个丧夫的妹妹在照管这个家庭时，不乏理智的母亲心感沉重了。

母亲的犹豫与却步，使已对母亲在感情上深深依赖的父亲“病”倒了。乏力、虚脱、昏迷……与平日精力充沛、激情四射时判若二人。母亲获知父亲病倒后，心中的犹豫和迟疑顿时烟消云散，有的只是对父亲的挂念，对自己的责怪。于是，感情战胜了顾虑，这场短暂的关系危机戏剧性地结束，二人迅速信订终身。百多封信的收尾几封，都是在商量母亲如何从筑赴渝、父亲如何去迎这些具体事宜，父亲的细腻、周到跃然纸上。

1942年7月，母亲来到重庆，8月16日，二人在重庆张家花园巴蜀中学礼堂举行婚礼，穆藕初、张一麐为证婚人，杨卫玉为介绍人，沈钧儒、江一平等名流参加。父亲当场散发婚事经过告亲友书，文中有“佳人易得，同志难求”之句。这是父亲对母亲的评价，也是对七八个月以来二人通信百多封的感情之旅的评估。从阅人无数的父亲之口出语此等评价，母亲足矣！

值得注意的是，父母在通信中还谈到了父亲后来赴延安时与毛泽东探讨的周期率问题。父亲的信上写道：“诚然进而究统治者何以腐败，则实受一种周期率的支配，‘由成功而畏死贪生而失败而冒险而成功’。此乃社会演变的周期率，一治一毙即受周期率之支配。”

父母婚后的第三年，父亲与毛泽东在延安作了著名的周期率对话，提出如何克服历史兴亡周期率的“黄炎培周期率难题”。回渝后父亲口述、母亲执笔写出《延安归来》一书，为此招致反动派抄家。母亲受惊吓，怀胎八个月即早产生下我，只有三斤多重。母亲说，“苦儿有命”、“苦儿有福”。

然而，母亲却无命无福。1965年底，父亲病逝，1968年1月，“文革”中不堪受辱的母亲以死抗争，以死明志，以自己的不屈与生命为二人的感情之旅画上了重重的一笔惊叹号。

情　书

我辈不仅要知晓上代人的奋斗，也应知晓上代人包括情感在内的心路历程。它是如此之真，真实而真切；如此之善，善良而善爱；如此之美，美丽而美好。一切奋斗之初衷和力量之源泉就在此，就在爱。

灵珰百札，一部紫红色封面纸夹，里面装有一百几十封信及诗词，是20世纪40年代初我的父亲黄炎培与我的母亲姚维钧的相恋情书。

1937年全面抗战开始后，父亲离开故土上海辗转武汉、长沙来到陪都重庆。1941年，父亲赴贵阳大夏大学（今上海华东师大）讲学，与母亲邂逅。父亲返回重庆后，二人开始书信往来，用纸和笔开始了感情历程——从师生相称叙谈家常的普通友人，进而到相谈甚欢的邻乡好友，再又及情意日浓、盼对方来信如大旱之望云霓般的情侣，终至信订终身的待婚夫妻。到1942年母亲大学毕业，短短八个月内，二人的通信有107封之多。

斗转星移。1954年8月16日，父母已携手走过12年。这期间，父亲经历了访问延安、参加国共和谈、创建民建、出任首任政务院副总理等一系列重大历史时刻；这期间，父母育下我们姐弟四人。为了纪念这段不平凡的岁月，父母特定制了紫红色纸夹，父亲亲笔题："灵珰百札黄炎培姚维钧共同生活第十三周年开始一九五四年八月十六日北京"。1962年夏父母结婚20年时，85岁高龄的父亲再次沉浸在当年与母亲的激情之中，不禁再次提笔，以其独树一帜、为毛泽东钟爱的黄氏书法抄录了自己信中的诗词，取名"灵珰酬唱集"，母亲也重新抄录了她的诗词，一并放入灵珰百札。

为什么取名"灵珰百札"呢？这得从"灵珰"两字说起。

1942年7月27日，父亲致母亲第100封信。这一天是二人团聚之前最后一次月圆，他俩相约在重庆、贵阳两地同时赏月。欣赏月色之余，父亲写下了六首词，首节如下：炎培自重庆讯贵阳维钧既毕大学业，将自筑来渝，践白头之约。谓此最后一度月圆，在离别中弥足珍视。约以七月二十六日即农历六月十四日下午八时至九时异地同时赏此月色，而各写所怀，余因成斯制焉。

（一）

佳日兮辰良，

孤月兮双江。

山房兮云树，

张之园兮夜未央。

思佳人兮来迟，
诉家国兮迴肠。
乞灵娥其谛听兮，
愿在耳而为珰。

这首词原名“月诉”，后取末句词意，改名“灵珰”。这即是“灵珰”二字的由来。

我与灵珰百札的不解缘

我与灵珰百札相遇很早，40多年前它就到了我手上。1965年底，父亲病逝。1968年初，我母亲被整离世，灵珰百札便开始由我保存。

1969年11月初，一声“离京”令下，全家人纷纷跑到委托行卖掉电视家具一类家什，然而，文字的遗物我是不敢抛弃的。于是，我携上父母所留遗物包括灵珰百札，随我当时所在的北京外贸学院（“文革”后改称对外经贸大学），赴河南信阳固始县，在干校度过了近一年时光。次年的7月算是大学毕业，我被学校军宣队分配到山西太行山上的高平县，随身亦带有灵珰百札。

1985年，已是中国社科院学者的我应邀赴美国，先后在霍普金斯大学、哥伦比亚大学、杜克大学访学或攻读学位，我的行囊中依然有灵珰百札。三年多后，它又随我从大洋彼岸回到北京，及至今日。

我与灵珰百札又相识甚晚，直至2009年我才打开它。此前，我不止一次拿出，想打开它，但每次手都在颤抖——如同每次捧出红布包裹的母亲遗骨（特殊年代里曾放在家中橱柜里多年），我始终未敢打开一样。随着逐渐步入老年，我更懂得珍惜岁月，常思所余之年应当做些什么。冥冥之中总有提醒在耳：到了该把父母遗物整理出来的时候了。于是，在我开始保管灵珰百札整整40年后，我开始翻阅半个多世纪以前父母的这百多封情书。2012年底，我和杨晓娟共同整理的《灵珰百札：黄炎培与姚维钧情书家信集》由人民出版社出版，从而公开了这段从信恋走向婚姻的佳话。

父亲的第一次婚恋

父亲和母亲的通信始于1941年，当时父亲63岁，母亲32岁，二人相差31岁。这是母亲的初恋，父亲则是丧失原配王纠思夫人年余。

父亲的第一次婚姻来得并不容易。父亲生于上海浦东川沙内史第，出身书香世家，少年时家境走向没落。13岁丧母，17岁失父，一年多后，疼爱他的外祖父也去世了。18岁的他不仅要养活自己，还要抚养两个妹妹。父亲写得一手好文字，川沙和邻县南汇的书院，他每去投书必中奖金，但仍难以彻底脱贫。到了寻亲年龄，托人寻过几家，都被拒之门外。到第六家的时候，女方王纠思的父亲王筱云是位附贡生，早就读过父亲的诗文，对他极有好感，便许下这门婚事。不久，父亲以第一名成绩考中秀才，遂于1899年与王纠思完婚。二人共同生活40余年。

王纠思为人聪慧，善解人意，尤擅理财持家。父亲长年在外奔走事业，办学兴教，而苛己甚严。他1902年底办川沙小学堂任总理（校长）并授课，不领分文，甚至自带午餐。而后办开群女学、广明师范等，都取之有限。1906年，浦东中学开办，父亲为首任校长，本应领200元薪水却只领80元。长年这种收入状况，不仅对父亲本人，更是对夫人王纠思的挑战。但擅长理财的王应对有方，挺了过来。我的几位大哥大姐到了老年仍对童年清苦的生活记忆犹新：上顿豆芽、下顿豆芽；天天豆芽、月月豆芽。夫君为事业甘心，夫人也从不抱怨，心甘情愿挑起生活重担。北洋政府曾两度下令任命父亲为教育总长，一度任命父亲为直隶省教育厅长，一旦上任收入不菲，但均遭父亲谢绝。他潜心于教育救国，获得王纠思的充分理解与支持。

1937年抗战爆发，父亲辗转内地至川渝，王留守沪上，孰料竟成永诀。

1940年12月王病逝，远在陪都重庆的父亲写下悼妻诗：

谁说天长地久来，吾生万念一时灰。

悲欢聚散寻常事，浑厚精明未易才。

去后茅檐犹待火，来时玉镜不成台。
庸庸四十年闲福，迸作昆鱼永夜哀。

夫人去世后，前来给父亲说媒的人委实不少，但父亲常是一脸严肃，与人不苟言笑，更不触及儿女情长之事。有些小报专门探听名人隐私，当时国民参政会参政员的第三方代表中，父亲与沈钧儒同为丧妻之人，故而备受这些报纸关注，更有甚者捕风捉影，无中生有捏合父亲与某著名女子大学的漂亮女校长，一时传得沸沸扬扬。但父亲是有个性的人，他依然沉浸于对妻子的忆念中，他这一日期的日记中，不乏“哭”、“大哭”的记载。这种心绪下，谈何再恋再娶！

花甲之年又逢春

1941年，日本偷袭美国珍珠港成功，太平洋战场上得逞一时，对中国更加甚嚣尘上。刚刚丧妻的父亲，更处在国难家亡之际。此时，母亲走入他的生活。

1941年11月，父亲应邀来到贵阳，在大夏大学等处作抗日形势的讲演。大夏大学即今天的上海华东师范大学，抗战期间迁至贵阳。当时母亲在此就读，即将毕业时兼做教师助理，赚些生活补贴。听到熟悉的浦东家乡语调，远离家乡、举目无亲的母亲倍感亲切，她更被父亲的抗日激情所感染，对父亲极为钦佩。

1941年12月21日，母亲给父亲写了第一封信。十分遗憾的是，自我接手保管灵珰百札起，就未曾见过这封情书。但从父亲12月25日的回信中可以看出母亲这封信的大致内容。母亲表示愿拜父亲为师，父亲回信中说："师事不敢当"，"炎固乐与青年为友者"。之后的几封通信，父亲称母亲为"维钧"或"维钧学友"，母亲则称父亲为"任之老师"或"任之吾师"。双方来往信的内容多以介绍自己情况和询问对方情形为主，谈不上深入，更不可能有情感的交流。

从第十封信左右，即彼此各有五六封信之后，两人从一般朋友逐渐变为密切的异性朋友。母亲向父亲倾诉自己离乡背井的心境，也叙述自己的校园生活、学习状况，而父亲则向母亲讲述自己繁忙的生活和公务安排，表达一直埋藏于心的忧国忧民情怀。

时年60多岁的父亲，从丧父失母的农家孤儿，经历了求学、反清、被捕、逃亡、办学、革命、拒官、抗战、参政等坎坷命运，忧国忧民、救国救民，无疑已是他几十年生活的主题。尤其是在1941年、1942年抗日战争最关键、最严峻的阶段，他的公务以抗日为中心，他的事业以抗日为主题，他的生活以抗日为内容。从父亲的信中可以看出，这一特点无处不在。而在这方面，母亲可谓与父亲志同道合。对于一位能舍家别乡、不甘做亡国奴的女青年来说，还能有什么比爱国爱家更能引起她的共鸣？！

两颗心越走越近。然而，一个是已成就蜚然的知名教育家、社会活动家，另一个是尚未完成大学学业的学生，他俩之间的社会地位多么的不相称！但对于一个在事业征程上艰苦攀登的人来说，一旦有这样一个愿听懂他、能听懂他的女性，无疑就是他的所爱。

黄炎培百年前赴世博

黄方毅

1915年，父亲黄炎培参加了在美国旧金山举行的巴拿马太平洋世博会（曾译万国博览会或万国赛会等）。今年再过几十天，将在我国上海，在我的家乡，举办历史上第四十一届世界博览会，振奋之中，回想起近百年前父亲赴美国世博之行，尤为兴奋，遂拂开历史封尘，翻查资料，将我国世博先行者之一的这历史一页，供众人一睹。

一、办校兴学投身教育

父亲黄炎培，1878年生于上海浦东川沙。辛亥后，黄深感他曾投身的革命未能根本改变社会面貌，沉疴依旧，黑暗如前，而立志于办校兴学，教育救国。自1903年开办川沙小学起，陆续办了几所学校，1906年成功创办浦东中学，从该校陆续走出了20世纪我国的一代名人：共产党总书记张闻天，国民党蒋经国、蒋纬国，左联五烈士胡也频、殷夫，史学家范文澜、罗尔纲，核弹专家王淦昌，名星谢晋等，获“北南开，南浦东”美称。办学中父亲深感传统教育弊端，遂在考察国内七省教育后，又把目光转向海外，时逢国民政府农商部组织实业考察团赴美。1910年，张謇在南京举办南洋劝业会，当时美国送来展品并派商团赴会，此次我国组团访美即为回访，考察美国并参加在旧金山举行的世博会，团长张振勋，副团长聂云台，特邀父亲参加。这是辛亥之后中国首次亮相于世博舞台，之前世博晚清曾派人参加，1904年美国圣路易斯世博时，清廷派出以傅伦为首的中国团赴会。

二、旧金山

1915年4月9日，黄一行乘太平洋轮船公司2.7万吨的满州利亚号客轮于吴淞口外启程，途经日本长崎、神户、横滨，26日达夏威夷檀香山，一周后5月3日抵达旧金山。美国总统代表戴维、政府各部代表、西美商会会长兹巴克、旧金山市长洛维、旧金山商会会长摩泽，尤其是巴拿马世博会总理摩尔热烈欢迎并欢宴该团，旧金山世博会中国展品总监陈琪、旧金山领事馆领事徐善庆出席。全团下榻于全市最豪华的旧金山饭店。

之前世博会已举行十三届，历届世博会上各国尤其举办国均展示本国经济成就，开启经济新局面。1851年首届英国伦敦世博，展现当时产业革命后技冠群雄、傲视全球的英国经济成就。而此次美国旧金山世博，无疑是向世人展现已发明飞机，批量制造汽车，逐渐雄踞世界首位的美国科技、工业和经济的实力。为此，美政府在世博前后大力褒奖对经济发展做出重要贡献以爱迪生为首的一批美国科学家。而为什么选择旧金山呢？表明经过独立后百余年开发，美国既有面向大西洋以纽约为代表的东部经济，而且逐渐兴起面向太平洋以旧金山为代表的西部经济。同时，1907年旧金山经历了大地震，“全市尽毁，人民离散，陆地不能住，皆雇船泊于海中……”（《黄炎培日记》1915年4月“新大陆之教育”，以下简称日记），然此后经几年努力，旧金山又在一片瓦砾中获得新生。如今趁巴拿马运河开通，大西洋与太平洋贯通之际，旧金山无疑将引领美国西部经济，走向太平洋，走向世界，此乃美方举办旧金山世博之初衷。

三、首都华盛顿

在旧金山参观游览七天后，访美团赴洛杉矶市，沿太平洋沿岸南行，又转赴美国中部、北部与东部：圣地亚哥、新奥尔良、纽约、费城、华盛顿、巴尔的摩、芝加哥、底特律、波士顿等等，足迹遍布美26个主要城市。

6月26日在美国首都华盛顿，受到总统威尔逊、国务卿布莱恩的接见。父亲在日记中描述白宫：“环宫皆碧草，不深而幽，不陋而朴，及门，礼服之军官一人导入……”（《日记》1915年5月26日）。布莱恩国务卿与夫人将父亲一行邀至家中，在后花园举行欢迎会。商务部长、全美商会、陆军部、海军部均开会欢迎。在华盛顿期间，代表团参观了美国国会山，拜谒了美国开国总统华盛顿墓。

代表团在美访问，最为关心的是中国留学生。当时华工仍被禁入美，而留学生赴美也多少受到刁难。此行中，父亲等人一再就此向美方交涉。如留学生赴美时除坐一等舱者外，坐二、三等舱的留学生须接受查验，这明显是针对中国穷困学生的歧视。父亲等人与美移民局接洽，又向前来接待代表团的美政府工部总长反映，最后甚至机智地请出美国大总统，经过几个回合周折，终使美方放弃原做法，凡来美的中国学生，无论住在何等舱内，一律不受此查而获准上岸。能裨益于我中华学子，父亲等人极感欣慰，不虚此行。

父亲一行从华盛顿市南行，跨过普托马河大桥进入弗吉尼亚州，来到阿灵顿公墓，这里掩埋着南北战争期间著名的南军统帅罗伯特·李将军。李将军虽为败军之将，但仍为自己和部下以至整个南军赢得尊严，被保留军衔，战后被任命为华盛顿学院院长，获民众爱戴。后来，还把弗吉尼亚通往华盛顿的高速路即当年李率军与北军激战之地命名为李高速路（Li High Way）。

四、大都市纽约

6月1日代表团到达美国大都市纽约，停留七日。父亲等参观了哥伦比亚大学，晚上赴哥大中国留学生举行的欢迎晚会。还拜谒了位于哈得孙河滨的李将军之对手，南北战争北军统帅，美第十八任总统葛兰特将军之墓，引起父亲的一段回忆。对这位葛兰特将军，父亲不陌生，将军后来周游世界，曾来华访问中国天津等，清廷派李鸿章接待，葛兰特将李鸿章称为中国之俾斯麦。1896年李鸿章访美，将军已殁，中方乃在其墓前植树立碑，以示悼念。李鸿章访美曾引起美朝野关注，侨界轰动。而此次中国实业团访美所受欢迎，据说不亚于19年前李鸿章之访美，该团“……尤为美国上下所一致欢迎，其竭诚尽敬，以表殷拳。据侨美老辈言，虽视曩年李文忠之来，有过无不及”（《日记》1915年4月）。李文忠即李鸿章。

为什么对立的两军统帅会同时受到美国民众的爱戴？为什么举起白旗的降将也能获得尊敬与殊荣？原来，他们都忠于自己的职守和使命，勇于对自己的人民负起责任。李将军败运难逃后选择了对几万名部属生命负责的投降，同时还尽可能地维护自己及部属的尊严与利益，在林肯总统批准之下，投降后的士兵返乡允许带走自己的马匹、口粮，甚至手枪和佩剑。从而在新大陆上，避免了仇恨—报复—再仇恨—再复仇的恶性循环，反之是提倡一种宽容、和解与对人格的尊重。对此，父亲感叹：“李将军生平光明磊落，与北美人士气度宽宏可云双绝。”（《日记》1915年5月26日）对比“胜者为王败者寇”的文化，恰成鲜明对照。这种宽容、“和为贵”、以人为本的价值取向，似也或多或少地影响到父亲，在其后半生的几十年里，尤其是30年代开始逐渐走上政治舞台后的岁月里，在父亲的历程中似乎都能看到这种取向的踪影。

《八十年来》再版后记

我的父亲黄炎培（1878—1965）历经五朝：前清举人；辛亥元老；北洋两辞教育总长而埋头办学数十年；抗日烽火中创建民盟，创立民建；1949年出任政务院副总理。他的八十余年人生，无疑是我们这一古老国度在奔向现代化艰辛探索过程中的一个侧影。

1945年父亲等六名国民参政员应中共之邀访问延安，与毛泽东做了著名的历史周期率对话，四年之后满怀期望进入新中国。建政之后，父亲怀着对毛泽东等中共领袖业已建立的期望与信任，在有关民众福祉的大事上，未隐瞒观点，讲出了真话。

1958年已届八旬的他逐渐淡出现实政治，而计划撰写80万字人生回忆录，取名《八十年来》。但在“文革”前夕环境下此愿望未得全部实现，仅成文8万字，而且被规定只内部印刷，不公开出版。《八十年来》杀青后，父亲给毛泽东寄上。

毛泽东喜欢父亲的诗词、书法，对父亲书写的诗词册页爱不释手， 将父亲借他的册页作为“押品”达两个半月，不时拿出欣赏，又请父亲为他书写同样的册页。毛泽东的图书管理员讲，毛泽东直到去世，在他的游泳池书房内，还存放着父亲赠他的诗词册页，同时还有父亲的这部《八十年来》。

“文革”之后我国进入新时代，1982年，《八十年来》获得正式出版，而深知父亲心思的父辈友人孙起孟、孙晓村、胡厥文、王艮仲等人在正式出版此书时，有意把父亲的《延安归来》附在此书末尾，从而把父亲生前最后时刻很想对毛泽东讲而未能讲出的“周期率”再次端了出来，并在社会上广泛流传。

1982年版《八十年来》末尾收入我兄黄大能撰写的纪念我父之文，此或系为弥补父亲原本撰写80万字的宏愿，当然他原来的腹稿以至底稿都不可能复原，只好采取这一“子代父言”的办法略作补救。为此，今日再版此书之际应编者之邀，刊入本人书写父亲的文章数篇，有本人为《黄炎培诗集》所作前记，也有本人为记载其54年人生轨迹堪称其留世最宝贵史料的《黄炎培日记》所写后记，写其情感生活的文字等一并收入，也来“子代父言”吧。

从1964年至今的52年之中，《八十年来》走过曲折的路，经历了“文革”前夕的内部出版、“文革”之后的公开出版和当前再版的不平凡历程。虽然此书未能全部表达父亲的原意，虽从数量而言也仅表达了原拟表达的十分之一，但毕竟给后人留下些宝贵的一手史料，从而具有其特定的历史价值与历史意义。因而，无论于史，于家，于国，于民，这部《八十年来》都堪称不俗。在此，我谨向再版此书的中国文史出版社致以衷心的感谢！

《八十年来》，永昭青史。

黄方毅

2016年9月

图书在版编目（CIP）数据

八十年来：黄炎培回忆录（片断）/黄炎培著. —北京：中国文史出版社，2016.9

（文史资料百部经典文库）

ISBN 978-7-5034-8292-2

Ⅰ.①八… Ⅱ.①黄… Ⅲ.①黄炎培（1878~1965）—生平事迹 Ⅳ.①K827=7

中国版本图书馆 CIP 数据核字（2016）第 250093 号

责任编辑：程　凤

出版发行：**中国文史出版社**

社　　址：北京市海淀区西八里庄路 69 号　　邮编：100042

电　　话：010-81136606　81136602　81136603（发行部）

传　　真：010-81136655

印　　装：廊坊市海涛印刷有限公司

经　　销：全国新华书店

开　　本：16 开　　　　插页：4 页

印　　张：14　　　　　字数：137 千字

版　　次：2017 年 1 月北京第 1 版

印　　次：2024 年 9 月第 2 次印刷

定　　价：42.00 元
